I0866468

Cyrus

l'encyclopédie qui raconte 10

CHRISTIANE DUCHESNE • CARMEN MAROIS

Cyrus

l'encyclopédie qui raconte 10

Québec Amérique

Projet dirigé par Stéphanie Durand, éditrice

Conception graphique et mise en pages : Nicolas Ménard
Révision linguistique : Diane Martin
Correction d'épreuves : Flore Boucher
Illustrations : Québec Amérique International

Québec Amérique
7240, rue Saint-Hubert
Montréal (Québec) Canada H2R 2N1
Téléphone : 514 499-3000, télécopieur : 514 499-3010

Nous reconnaissons l'aide financière du gouvernement du Canada par l'entremise du Fonds du livre du Canada pour nos activités d'édition.

Nous remercions le Conseil des arts du Canada de son soutien. L'an dernier, le Conseil a investi 157 millions de dollars pour mettre de l'art dans la vie des Canadiennes et des Canadiens de tout le pays.

Nous tenons également à remercier la SODEC pour son appui financier. Gouvernement du Québec – Programme de crédit d'impôt pour l'édition de livres – Gestion SODEC.

Canada | Conseil des arts du Canada | Canada Council for the Arts | SODEC Québec

Catalogage avant publication de Bibliothèque et Archives nationales du Québec et Bibliothèque et Archives Canada

Duchesne, Christiane, auteur
Cyrus, l'encyclopédie qui raconte / Christiane Duchesne, Carmen Marois.
L'ouvrage complet doit comprendre 12 volumes.
Public cible : Pour les jeunes.
ISBN 978-2-7644-3505-2 (vol. 10) (Version imprimée)
ISBN 978-2-7644-3506-9 (PDF)
1. Encyclopédies et dictionnaires pour enfants français.
I. Marois, Carmen, auteur. II. Titre.
AG25.D822 2017 j034'.1 C2017-940075-4

Dépôt légal, Bibliothèque et Archives nationales du Québec, 2018
Dépôt légal, Bibliothèque et Archives du Canada, 2018

quebec-amerique.com

Imprimé au Canada

En hommage à mon père
qui a toujours su répondre à mes questions.

C. D.

À tous ceux qui, comme moi,
ont le désir d'apprendre.

C. M.

Au fond, le seul courage qui nous est demandé
est de faire face à l'étrange, au merveilleux,
à l'inexplicable que nous rencontrons.

Lettres à un jeune poète

Rainer Maria Rilke

Qui est Cyrus ?

Très tôt, Cyrus s'est posé des questions sur l'origine du monde, la vie de la planète, les angoisses des hommes préhistoriques, la vie animale, l'univers végétal, le cosmos et le cœur des gens. Curieux comme pas un, il a cherché, il a lu, il a étudié pendant de longues années pour trouver réponse aux mille questions qu'il ne cesse de se poser. Il s'étonne encore des nouveaux phénomènes, s'intéresse aux particularités du monde qui l'entoure.

Ce qu'il aime par-dessus tout ? Partager ses connaissances, en faire profiter tous ceux et celles qui, à toute heure du jour et où qu'il soit, viennent auprès de lui pour l'interroger.

Tout au long des douze tomes de cette encyclopédie à nulle autre pareille, vous rencontrerez des dizaines et des dizaines de curieux qui, comme vous, souhaitent en connaître toujours un peu plus…

Légende

LA TERRE ET L'ESPACE, PHÉNOMÈNES ET INVENTIONS

LES ANIMAUX, LEURS HABITUDES ET LEURS PARTICULARITÉS

LES VÉGÉTAUX : ARBRES, FLEURS ET TOUT CE QUI POUSSE

LES GENS, LEUR CORPS ET LEUR VIE

CURIEUSES QUESTIONS

Est-ce qu'il y a des oiseaux qui ont des dents ?

— Cyrus ! crie Manfred en courant vers la maison du savant. Il faut que je vous parle !

— Entrez, entrez vite ! répond Cyrus du fond de son salon.

Les deux hommes s'embrassent rapidement et s'installent à la table de travail.

— Si vous déposiez votre plumeau ? suggère Manfred.

— Vous avez découvert quelque chose à propos du manuscrit ? demande Cyrus, impatient.

— Peut-être, mais il ne s'agit pas de cela. Je voulais vous demander quelque chose. Dites-moi, existe-t-il des oiseaux pourvus de dents ?

— Je croyais que vous alliez m'apprendre que vous aviez traduit le texte runique ! soupire Cyrus, extrêmement déçu.

— J'y arrive, j'y arrive, dit Manfred. Mais dites-moi d'abord s'il est vrai que les faucons ont des dents.

— Les oiseaux, mon cher Manfred, n'ont pas de dents, pour la simple raison que cela les rendrait trop lourds pour voler.

— Qu'est-ce que vous me chantez là ?

— Mais si, c'est vrai. Au cours de leur évolution, leurs dents se sont atrophiées au point de disparaître complètement. Leur bec, de forme différente selon les espèces, leur suffit amplement pour prendre leur nourriture. De plus, les oiseaux possèdent un gésier, sorte de poche où ils gardent de petits cailloux. Lorsque la nourriture passe par le gésier, elle est broyée, comme par des meules.

— Pourquoi dit-on alors que le faucon a des dents ? demande Manfred.

— On dit que le faucon possède une dent, mais ce n'en est pas une. Il s'agit d'une excroissance de la mâchoire, située près de l'extrémité du bec. Ce crochet, si vous voulez, permet au faucon de déchirer plus facilement la chair de ses proies.

— Ah bon ? Mais vos oiseaux préhistoriques, ils avaient bel et bien des dents ?

— On sait que le premier oiseau connu, l'archéoptéryx, a vécu il y a 150 millions d'années. Il possédait de petites dents, oui. Cela vous éclaire, cher ami ?

— Tout à fait. Je retourne de ce pas travailler au manoir.

— À propos…

— … de votre manuscrit ? Eh bien, figurez-vous que j'avance, et considérablement. Le silence de cet endroit incite à la recherche ardue. À mon avis, ce que je vais découvrir va bouleverser les assises de la mythologie scandinave…

— Oh ! s'exclame Cyrus. Vous en êtes certain ?

— Cyrus, vous savez que je suis un spécialiste de la mythologie nordique.

— Le plus grand, à mon avis, et c'est bien pour cela que je vous ai demandé de venir…

— En Scandinavie, on donne le nom de *Nornes* aux démons féminins, maîtresses du destin. Ce sont les ancêtres de nos sorcières et de nos fées.

Elles se nomment Urd, Verdandi et Skuld, chacune figurant respectivement le passé, le présent et le futur. Or, dans votre fichu manuscrit, on semble parler d'une quatrième Norne…

— Oh ! s'exclame à nouveau Cyrus, médusé.

— Cela me trouble immensément, avoue Manfred.

— Mais pourquoi m'a-t-on envoyé ce texte à moi, qui ne peux pas le déchiffrer ? soupire Cyrus. C'est à vous qu'on aurait dû l'expédier !

— Peut-être que votre correspondant anonyme ne me connaît pas, mais qu'il se doute qu'un savant comme vous a bien des amis…

Tout au long de leur évolution, les oiseaux se sont allégés pour pouvoir mieux voler. Leurs pattes et leur bec se sont modifiés, leurs dents ont disparu, et ils ont perdu les caractéristiques de reptiles qu'ils possédaient à l'époque préhistorique. L'archéoptéryx constitue le chaînon manquant entre les dinosaures et les oiseaux.

Pourquoi le Soleil est-il de différentes couleurs ?

— Votre ami Manfred Vonglignenmachin est déjà sorti ? s'informe Ascanio.

— Comment le sais-tu ? réplique Cyrus d'une voix étonnée. Tu m'espionnes ?

— Un peu, avoue le petit voisin. L'été est long. Je m'ennuie. Alors j'observe les allées et venues autour de votre maison.

— C'est charmant ! J'ai toujours adoré me savoir épié.

Le sourire d'Ascanio est si désarmant que le savant ne peut s'empêcher de sourire aussi. Il observe le garçon qui, silencieux, se dandine sur un pied, puis sur l'autre, en mordillant sa lèvre inférieure. Autour de ses deux yeux au beurre noir, le violet vire maintenant au jaune.

— Tu avais quelque chose à me demander? interroge le savant.

— Pourriez-vous me dire pourquoi le Soleil prend différentes couleurs et affiche différentes grosseurs? Vous savez, lors de son coucher, par exemple, le Soleil devient une grosse boule rouge, remarque Ascanio. Rien à voir avec son apparence du midi.

Ses yeux cernés paraissent démesurés.

— La taille et la couleur du Soleil ne varient jamais, répond Cyrus. Son diamètre est de 1 392 000 kilomètres environ. Sa lumière est toujours blanche. Si le Soleil paraît différent selon les heures de la journée, c'est à cause des changements dans l'atmosphère, selon les jours et selon les moments de la journée. Tu es déjà allé à la foire, Ascanio?

— Bien sûr!

— Rappelle-toi les miroirs déformants. Lorsque tu te regardes dedans, tu peux paraître plus gros ou plus grand que tu ne l'es. Tu restes pourtant le même petit garçon.

— C'est vrai.

— C'est la même chose pour le Soleil. L'atmosphère agit comme un miroir déformant, nous le

faisant paraître plus gros ou plus petit. Ce sont les variations de densité de l'atmosphère qui créent des effets : dans certains cas, le Soleil peut même avoir l'air aplati.

— J'ai déjà remarqué cela.

— Place un crayon dans un verre d'eau. En le regardant, tu auras l'impression que le crayon est cassé. C'est le changement de densité qui produit cette illusion. En traversant l'atmosphère terrestre, les rayons du Soleil sont réfractés, ce qui change, à nos yeux, la forme de l'astre. À son zénith, le Soleil a l'air plus petit qu'à son lever ou à son coucher, cela dépend de son angle par rapport à la Terre.

— Et la couleur ?

— La lumière du Soleil est toujours blanche. Le blanc, qui est la somme de toutes les couleurs, se décompose dans les couleurs de l'arc-en-ciel : violet, indigo, bleu, vert, jaune, orangé, rouge. Le bleu est la couleur qui se disperse le plus facilement.

— D'où la couleur du ciel ?

— Oui. Plus le Soleil est près de l'horizon, plus la couche d'atmosphère que les rayons doivent traverser est épaisse, contrairement à ce qui se passe lorsque le Soleil est au zénith et que les rayons arrivent à angle droit. Et, comme les rayons qui possèdent de fortes longueurs d'onde ne se dispersent presque pas, ce sont eux qui traversent le mieux l'atmosphère, au lever et au coucher du soleil. Ces rayons-là, Ascanio, ce sont ceux de la lumière rouge.

— Nous voyons alors le Soleil rouge…

— Voilà. Bonne journée, mon Ascanio !

Il faudra attendre encore de 5 à 7 milliards d'années environ pour que le Soleil ait épuisé ses réserves d'énergie. Il gonflera alors jusqu'à devenir une géante rouge. Puis il refroidira, deviendra une naine blanche, un tout petit corps stellaire, et finira par s'éteindre. Il terminera sa vie en naine noire, sans planètes ni étoiles dans son orbite.

De quoi est fait le sang ?

— Manfred ! Manfred, répondez ! crie Cyrus en tambourinant à la porte du manoir. Manfred, c'est moi !

— Que se passe-t-il, mon pauvre ami ? demande Manfred en ouvrant. Vous êtes tout pâle !

— Regardez, répond le savant.

— Par tous les dieux ! s'exclame Manfred. Une lettre de Triabunna !

— ... dans laquelle l'inconnu me suggère de participer à un congrès sur l'évolution de la connaissance ! Ce congrès se tiendra à Rome, et tous les participants doivent garder le secret absolu.

— Un congrès secret !

— J'en ai les sangs tout retournés, Manfred. Tout cela me semble louche...

— À propos, Cyrus, le sang... De quoi est-il composé, exactement ? l'interroge Manfred.

Cyrus regarde son ami d'un air découragé.

— Je suis bouleversé et vous me demandez de quoi est fait le sang ?

— Mais oui ! Entrez et expliquez-moi, cela vous détendra…

— Le sang, soupire Cyrus en se laissant tomber dans un fauteuil, est principalement composé de plasma et de globules rouges. Le plasma, liquide jaunâtre constitué d'environ 95 % d'eau, contient du sel. C'est lui qui véhicule les cellules sanguines, les globules blancs et les plaquettes.

— Très intéressant.

— On trouve également dans le plasma des éléments nutritifs, des enzymes, des hormones, des acides aminés, des lipides, ainsi que des pigments.

— Et les globules nagent là-dedans ?

— Exactement. Dans les globules rouges, on trouve l'hémoglobine, une protéine qui sert à transporter l'oxygène dans tous les tissus du corps. Un globule rouge contient 350 millions de molécules d'hémoglobine, dont chacune transporte 4 molécules d'oxygène !

— Fabuleux ! lance Manfred. Et les globules blancs ?

— Les globules blancs sont les défenseurs de l'organisme. Ils détruisent les bactéries.

— Ils sont nombreux ?

— Beaucoup moins que les globules rouges. Il y a environ 800 fois moins de globules blancs que de rouges.

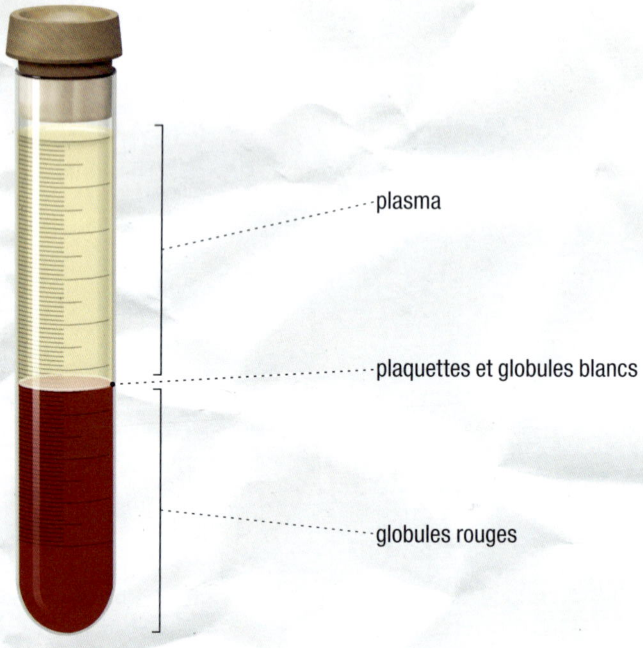

Composition du sang

— Pourquoi les globules rouges sont-ils rouges ? demande encore Manfred.

— C'est la combinaison oxygène-hémoglobine qui donne au sang sa couleur rouge. Le sang veineux, sans oxygène, est beaucoup plus foncé.

— Imaginez que nous ayons du sang vert ! dit Manfred.

— Les molécules d'hémoglobine dont je vous parlais, poursuit Cyrus que la remarque de Manfred laisse indifférent, ne font pas que livrer de l'oxygène aux tissus. En revenant des tissus, elles transportent du gaz carbonique jusqu'aux poumons, qui sont chargés de rejeter ce gaz.

— Votre savoir m'épate, mon cher Cyrus ! On peut bien vous inviter à des congrès obscurs sur l'évolution de la connaissance !

— Manfred, croyez-moi, je n'aime pas tellement les mystères de ce genre. L'anonymat de mon correspondant me gêne. Que me veut-on ?

— La Tasmanie est loin d'ici. Et je suis là pour vous protéger. En attendant, laissez-moi vous dire que la quatrième Norne dont on parle dans votre manuscrit s'appelle Gurd. Nous avons déjà Urd. Cela me semble étrange. Et la ressemblance entre les deux noms ne facilite pas ma recherche…

— Nous trouverons, Manfred, nous trouverons !

Un manque d'hémoglobine dans les globules rouges entraîne une condition appelée *anémie*. Les tissus n'étant pas bien alimentés en oxygène, ils s'affaiblissent.

Comment les oiseaux font-ils pour chanter ?

Cyrus sursaute. Il vient d'apercevoir Ascanio, le nez collé au carreau.

« Cet enfant me surprendra toujours », se dit le savant.

Il se lève d'un bond et se dirige rapidement vers la fenêtre entrouverte.

— Qu'est-ce que tu fais là, Ascanio ?

— Je n'ai rien à faire. Il se passe tellement de choses chez vous, monsieur Cyrus. Tellement d'allées et venues, de gens qui entrent, qui sortent. C'est amusant.

— Vu de l'extérieur, peut-être, soupire Cyrus. Pourquoi ne vas-tu pas jouer ?

— Mais je m'amuse follement à vous regarder vivre, monsieur Cyrus. Je vous ennuie ?

— Tu sais bien que non.

Le menton toujours posé sur le rebord de la fenêtre, Ascanio se met à siffler.

— Ne vous occupez pas de moi, monsieur Cyrus. Faites comme si j'étais un gros oiseau venu chanter sous vos fenêtres.

— Sais-tu comment les oiseaux font pour chanter ? demande le savant au petit.

— Non, expliquez-moi…

— Il faut que je te dise que ce n'est pas leur larynx qui permet aux oiseaux de chanter. Car, vois-tu, contrairement aux humains, les oiseaux n'ont pas de cordes vocales.

— Comment font-ils pour chanter, alors ?

— Ils possèdent un organe tout à fait particulier situé dans la partie inférieure du larynx. Il s'agit de la syrinx, qui a un peu la forme d'une trompette et qui peut être modifiée si l'oiseau fait bouger les muscles qui l'entourent. La variation de la pression de l'air sortant des poumons crée des variations sonores.

— Est-ce que tous les oiseaux ont une syrinx?

— Oui, mais elle est différente selon les espèces. Les cygnes et les oies, par exemple, ont une syrinx très longue. Cela donne des sons plus graves, comme la flûte alto donne des sons plus graves que la flûte soprano.

— J'aime bien le chant des oiseaux.

— Ce qui est fascinant, vois-tu, c'est que, dans une même famille d'oiseaux, les chants peuvent varier passablement. Je parle des familles au sens large, bien sûr. Les familles peuvent comprendre plusieurs espèces. Chacune des espèces a son

chant particulier, différent des autres, même si toutes les espèces d'une famille ont des syrinx semblables. Les mouvements que l'oiseau imprime à sa syrinx varient d'une espèce à l'autre.

Ascanio écoute sagement.

— C'est pourquoi on dit que cela fait partie du bagage génétique de l'oiseau, poursuit Cyrus. Telle espèce d'oiseaux fera tel ou tel mouvement avec les muscles qui sont situés autour de sa syrinx; telle autre en fera d'autres. C'est ainsi que nous avons des chants très différents d'une espèce à une autre.

— Et les perroquets, alors?

— Perruches et perroquets, de même que les oiseaux moqueurs, comme le moqueur chat, gardent en mémoire les sons qu'ils entendent et sont ainsi en mesure de les reproduire.

— À vous entendre, on croirait que vous parlez d'ordinateurs!

— Sais-tu que les oiseaux les plus ternes ont souvent le chant le plus beau? Le rossignol en est un exemple. Au contraire, les oiseaux aux plumages les plus éclatants sont souvent de piètres chanteurs. Maintenant, je te propose d'aller exercer tes talents plus loin, mon bel oiseau, lui dit Cyrus en refermant la fenêtre.

L'appeau est un instrument inventé pour imiter le cri des oiseaux afin de les attirer... pour le meilleur et pour le pire !

Le mot *syrinx* désigne également la flûte de Pan.

Qui a fait le sphinx ?

— Ces chats ont un comportement étrange depuis quelques jours ! confie Cyrus à ses amis.

— Je n'ai jamais vu Alice aussi faible, confirme mère Marie-Madeleine. Vous avez consulté le vétérinaire ?

— Pour lui, c'est un mystère. Il a parlé d'un moustique qui pourrait être responsable d'un tel affaiblissement chez les chats, mais ce moustique ne vit pas ici.

— Mystère, en effet ! remarque Manfred. Vous devriez téléphoner à Gabriella.

— C'est vrai ! s'exclame Cyrus en se frappant le front. Gabriella Caccia, explique-t-il à mère Marie-Madeleine, est une amie commune, spécialiste des moustiques. Je l'appelle tout de suite, ajoute-t-il en cherchant son téléphone pour la troisième fois depuis le matin.

— Pauvre Alice, soupire la religieuse. Elle a l'air d'un petit sphinx fatigué.

— Le sphinx avait un corps de lion, pas de chat, corrige Manfred.

— Les lions et les chats sont deux félins ! C'est semblable ! riposte mère Marie-Madeleine.

— Le sphinx a existé d'abord dans la mythologie égyptienne, puis dans la mythologie grecque. Il est représenté par un corps de lion couché portant une tête humaine. Vous savez que la tête d'un sphinx était souvent celle du pharaon qui l'avait fait construire ? Le corps de lion, lui, est le symbole de Rê, le dieu solaire.

— Je ne le savais pas, fait humblement la moniale.

— Le sphinx est ainsi un symbole de la puissance royale. C'est lui qui garde la sépulture du pharaon.

— Les pyramides ?

— Précisément. Le plus ancien sphinx que l'on connaisse est celui de Gizeh. On a cru longtemps que sa tête était celle du pharaon Khéphren, responsable de la construction de la pyramide de

Pyramide égyptienne

Gizeh. Ce serait plutôt celle de Khéops, père de Khéphren.

— Pourquoi, au juste, se faire construire une pyramide gardée par un sphinx?

— Cela demeure un mystère. Ce n'est qu'une hypothèse, bien sûr, mais on peut l'expliquer de la façon suivante: les pharaons étaient enterrés avec de véritables trésors, qu'il fallait garder à l'abri des brigands. C'est la raison des chambres funéraires secrètes à l'intérieur des pyramides.

— C'est une hypothèse qui me semble plausible, mentionne la religieuse.

— Je vous dirai aussi que le grand sphinx de Gizeh est non seulement le plus ancien, mais aussi le plus gros.

— Gros ?

— Le plus imposant, corrige Manfred. Il mesure plus de 70 mètres de longueur et 20 mètres de hauteur.

— C'est énorme !

— Sa figure à elle seule mesure à peu près 4 mètres de largeur sur 5 mètres de hauteur. Son sourire a très précisément 232 centimètres.

— Qui a sculpté un monument aussi énorme ? On connaît le nom des sculpteurs de cette époque ?

— Non. Et, de toute façon, les sculpteurs et les peintres étaient nombreux à travailler à une même œuvre. Ce n'est pas un sculpteur en particulier qui a façonné le sphinx, mais des équipes entières d'artistes et d'artisans.

— Dites-moi, monsieur von Klingenhorf, vous la connaissez bien, cette Gabriella ?

— C'est une excellente amie. J'ai étudié avec son père à Heidelberg. Elle dirige une équipe de chercheurs à l'université de Rio.

— Cyrus parle pendant tout ce temps avec quelqu'un qui se trouve au Brésil ? fait mère Marie-Madeleine, horrifiée.

— Vous n'êtes pas jalouse, ma mère ? demande Manfred.

— Pas du tout, répond la religieuse, offusquée. Je ne comprends tout simplement pas qu'on passe tant de temps au téléphone, et avec une interlocutrice qui se trouve au Brésil, en plus ! Monsieur von Klingenhorf, Cyrus n'a aucun sens des valeurs !

— Mais les choses ont changé, nous ne sommes plus au temps des appels interurbains hyper chers !

— C'est trop vrai, suis-je donc bête ! répond mère Marie-Madeleine en riant.

En plein cœur de la pyramide de Khéops sur le plateau de Gizeh, on vient de faire, en 2017, une mystérieuse découverte : une salle jusqu'à maintenant inconnue assez grande pour contenir un avion. On l'a baptisée *Le Grand Vide*, car on ne sait pas encore quelles en étaient la fonction et la signification.

Pourquoi nos doigts deviennent-ils rouges quand nous mettons nos mains devant une lumière ?

Cyrus se demande toujours d'où va surgir Ascanio au moment le plus inattendu. Voilà pourtant plusieurs jours qu'il n'a pas montré le bout de son nez.

« Je commençais presque à m'habituer à ses apparitions impromptues », songe le savant en s'installant dans sa balançoire pour observer le ciel étoilé.

La nuit est calme, percée seulement des stridulations des grillons et des ronflements réguliers de Gratte-Bedaine. Soudain, le savant remarque une lueur qui oscille à travers la haie.

— Qui va là ? demande-t-il.

La haie est agitée de tremblements, Alice en sort en miaulant. La lumière s'éteint et une ombre se découpe devant les arbres.

— Ascanio ?

— Bonsoir, monsieur Cyrus, répond le garçon en s'approchant, une lampe de poche à la main.

Il rejoint le savant dans la balançoire et s'assied à côté de lui.

— Que faisais-tu dans mes haies ?

— Je jouais avec Alice… Je m'amusais aussi à placer mes doigts dans le faisceau lumineux de ma lampe de poche. Regardez, ils deviennent tout rouges !

— C'est normal, explique Cyrus. La peau est plus fine aux extrémités parce que les tissus y sont moins épais. Elle est donc plus translucide.

— Vous voulez dire qu'on voit à travers ?

— Oui. De plus, l'extrémité de tes doigts est pleine de petits vaisseaux sanguins.

— Ah oui ?

— Ces petits vaisseaux, les capillaires, irriguent l'extrémité de tes doigts.

— Les capillaires ?

— Des vaisseaux sanguins, plus fins encore que tes cheveux, qui mesurent de 3 à 7 millièmes de millimètre de diamètre. Ils sillonnent la peau en surface. C'est pourquoi il est facile de « voir » le sang qui y circule.

— Voir le sang !

— Oui. Comme ta peau est translucide, c'est le sang, rouge, que tu vois par transparence grâce à la lumière de ta lampe de poche.

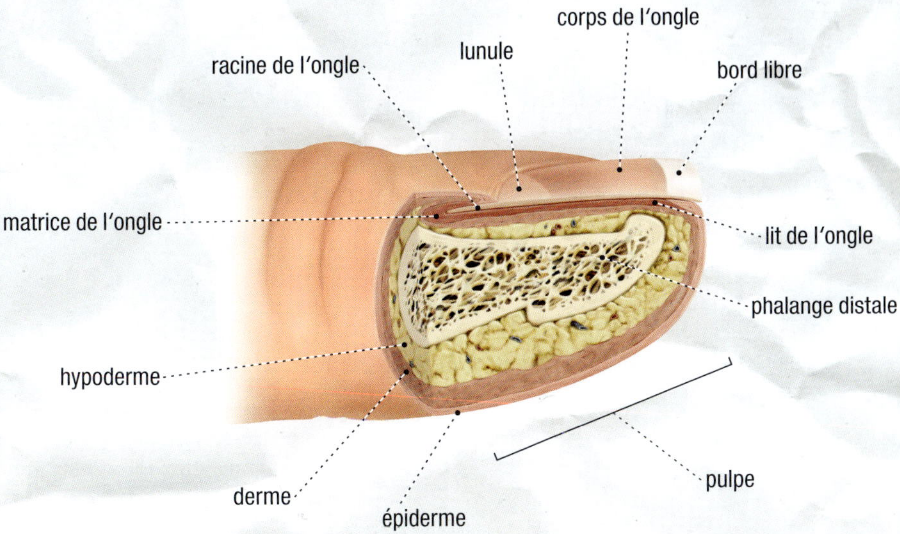

— C'est vraiment pour cela que je vois mes doigts tout rouges ?

— Eh oui ! C'est le sang qui les irrigue que tu vois ainsi.

— Essayez, vous aussi, monsieur Cyrus.

Le savant s'exécute, mais le résultat n'est pas aussi concluant. Ascanio semble déçu.

— Vos doigts paraissent beaucoup moins rouges que les miens.

— C'est parce que les adultes ont la peau bien moins fine que les enfants. Ma peau étant plus épaisse que la tienne, nous voyons moins bien le sang circuler dans les capillaires.

— Vous voulez dire qu'en vieillissant mes doigts deviendront moins transparents ?

— Oui, mais à ce moment, tu auras autre chose à faire que de t'asseoir dans la haie du voisin pour regarder tes doigts à la lueur d'une torche électrique !

— Hum…

— D'ailleurs, il se fait tard. Si tu rentrais maintenant chez toi… Tu pourrais aller dans la salle de bain et regarder le pavillon de tes oreilles à la lueur de ta lampe. La peau qui les recouvre est aussi fine que celle de tes doigts. Je t'assure, Ascanio, l'effet est saisissant. Tu devrais essayer…

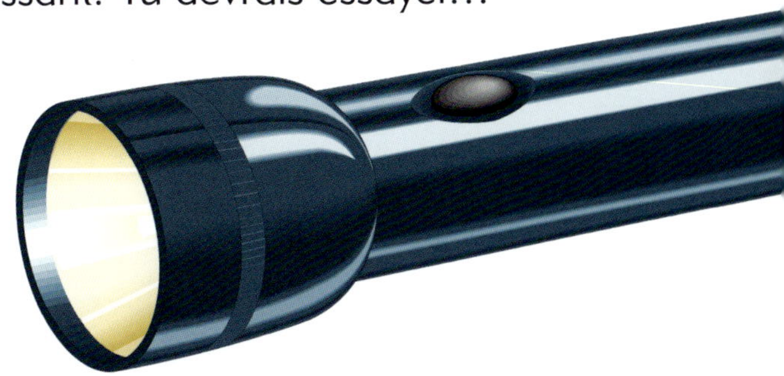

On a échafaudé toutes sortes de théories sur le rôle du cœur avant de découvrir sa fonction de pompe. C'est un médecin anglais, William Harvey, qui, en 1628, expliqua de façon exacte le système de la circulation sanguine. Mais, à l'époque, bien des savants refusèrent de le croire.

De quoi est constitué le laser ?

— Vous allez me demander pourquoi je chantais si fort, je le sais ! lance Cyrus à Prosper Branchu.

— Eh oui ! dit le joyeux facteur.

— Pour la bonne raison que mon amie Gabriella Caccia arrive dans quelques jours pour passer ses vacances ici, avec sa fille Paola.

— Elles s'installent chez vous ?

— Pas du tout ! Elles partageront le manoir de Broglie avec Manfred.

— L'univers entier vient vous visiter ! Vous n'avez pas assez de toutes ces lettres qui arrivent de partout dans le monde ? Sans compter les courriels que vous recevez par centaines ! Quelle est la dernière question à laquelle vous avez eu le temps de répondre ? demande le facteur.

— Pas plus tard que ce matin, j'ai répondu à une petite Alya qui voulait savoir de quoi est fait le laser…

— … ce que j'ignore, d'ailleurs.

— L'appellation *laser* est une abréviation de *Light Amplification by Stimulated Emission of Radiation*.

— Rien de moins !

— La particularité du rayon laser est d'être produit dans une ampoule pourvue d'un miroir à chacune de ses extrémités.

— Des ampoules à miroir ! s'exclame le facteur.

— Exactement. À l'intérieur de l'ampoule, il y a un gaz pur comme l'argon, l'azote, le néon ou le krypton. On peut également utiliser des solides ou des liquides. Lorsqu'on allume, les atomes de gaz s'excitent et dégagent des photons.

— Ce sont les photons qui produisent la lumière, je crois…

— Vous avez raison. La lumière ainsi produite rebondit sur un miroir, puis sur l'autre, effectuant des allers-retours de plus en plus nombreux. Toute cette agitation d'un miroir à l'autre s'organise et se synchronise.

— Et les atomes prisonniers dans l'ampoule dégagent de plus en plus de lumière ?

— Une lumière de plus en plus forte, qui s'est amplifiée. En fait, les atomes arrivent à émettre de la lumière au même moment et dans la même direction.

— Alors que, dans une ampoule ordinaire, les atomes émettent dans tous les sens parce qu'il n'y a pas de miroirs.

— Voilà, dit Cyrus. L'un des deux miroirs est percé d'un petit trou. Lorsque la lumière s'échappe par cet orifice, c'est en un rayon fin, extrêmement concentré et très puissant.

— C'est à cause de cette puissance que le laser peut percer le métal ? demande Prosper Branchu.

— Percer le métal, oui. Mais le laser peut faire bien plus ! Projeter des images, prendre des mesures sur des distances fabuleuses. On utilise même le laser pour recoller la rétine.

— Vous avez dit « prendre des mesures » ?

— Mais oui ! En envoyant un rayon laser sur la Lune et en comptant le temps que la lumière prend pour faire l'aller-retour, on peut, connaissant la vitesse de la lumière, calculer précisément la distance qui sépare la Terre de la Lune.

— Mais c'est extraordinaire ! dit Prosper Branchu.

— Je ne vous le fais pas dire !

— Et vous avez expliqué tout cela à la petite qui vous a posé cette question ?

— Bien sûr, répond Cyrus. Je lui ai expliqué également que c'est l'Américain Maiman qui, en 1960, a réalisé le premier laser à rubis.

— C'est une invention bien récente…

— Tout dépend pour qui, mon cher Prosper. Pour la petite Alya, les années soixante sont bien loin puisqu'elle n'était pas encore née !

— Encore une fois, vous me ferez dire que le temps est bien relatif ! soupire Branchu. Et maintenant, je dois filer !

Même si la première émission laser remonte à 1960, signalons que dès 1916, Einstein avait parlé de lumière cohérente, comme celle du laser.

Pourquoi les humains ont-ils le sang chaud, alors que les poissons ont le sang froid ?

Ascanio se présente chez Cyrus avant l'heure du petit-déjeuner. Il sonne à la porte et attend. Affalé sur le plancher de la cuisine, Gratte-Bedaine ouvre un œil, mais ne daigne pas se lever. Lorsque le savant va ouvrir, Ascanio lui présente une immense couleuvre, qui pend mollement entre ses mains.

— Je l'ai trouvée endormie sous une souche dans le petit bois. Elle est toute froide et ne bouge pas beaucoup.

— Les couleuvres, comme tous les reptiles, sont des animaux à sang froid. Si cet animal ne bouge pas, c'est qu'il est très, très tôt et que la température extérieure ne dépasse pas les 12 degrés.

— Je ne vois pas le rapport, avoue Ascanio en jouant avec la couleuvre léthargique.

— Entre, dit Cyrus. Mais laisse cette pauvre bête au soleil, dans le jardin.

Le garçon va déposer l'animal à l'extérieur et revient vers le savant.

— Tu sais qu'il existe des animaux à sang chaud et des animaux à sang froid, n'est-ce pas ?

— Oui. Mais pourquoi est-ce ainsi ?

— Chez les animaux à sang froid, la température du corps suit à peu près les variations de la température ambiante. Le métabolisme de ces animaux leur permet de résister à des écarts de température assez importants. S'il fait froid, ils peuvent aussi se mettre en état de léthargie. Les invertébrés et des vertébrés comme les poissons, les reptiles et les amphibiens appartiennent à cette catégorie.

— Et les animaux à sang chaud ?

— Leur température corporelle est constante, elle ne varie pas, ou elle varie très peu. L'organisme de ces animaux, incluant les humains, possède un système de régulation thermique : l'hypothalamus.

— Mais pourquoi ces différences ?

— C'est une question d'adaptation. Celle-ci s'est produite au cours de l'évolution, sur des milliers et des milliers d'années. À l'origine, tous les animaux étaient des animaux à sang froid. Parmi eux, certains avaient un métabolisme un petit peu plus rapide que les autres.

— Et alors ?

— Alors ? Ça leur permettait de se réveiller plus tôt le matin. Ils sortaient de leur léthargie avant les autres. Quand tu te réveilles, Ascanio, tu as faim, n'est-ce pas ?

— Toujours !

— Eh bien, tous les animaux sont comme toi. Ceux qui se réveillaient plus tôt que les autres avaient plus de chances de trouver du gibier. Ils mangeaient mieux et, par conséquent, développaient un métabolisme de plus en plus rapide. Ils ont transmis ces caractéristiques à leurs descendants, qui ont évolué ainsi vers un métabolisme très rapide et une constitution à sang chaud.

— Et c'est mieux ? demande Ascanio.

— Il y a des avantages et des inconvénients pour les uns comme pour les autres. Les animaux à sang chaud ont besoin de plus de nourriture pour garder constante la température de leur corps. S'il y a pénurie de nourriture, ils risquent donc de mourir de faim, alors qu'un serpent, animal à sang froid, peut passer un mois sans manger. Au fait, as-tu déjeuné ce matin, Ascanio ? Prendrais-tu une brioche ?

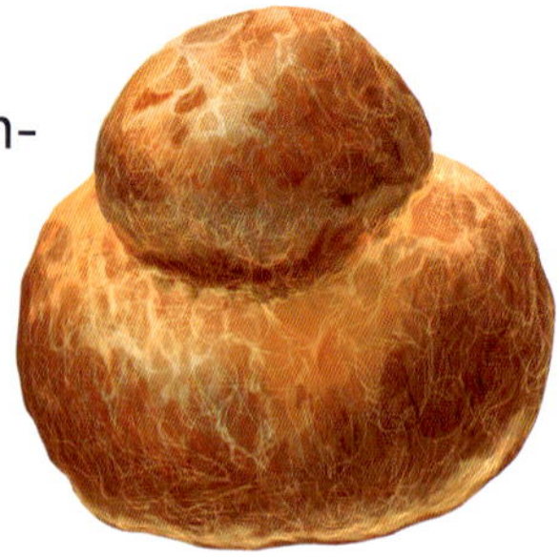

Au sourire de l'enfant, Cyrus comprend qu'il en mangera plus qu'une…

Le serpent, animal à sang froid, est un reptile de l'embranchement des vertébrés. Est-ce parce qu'il a le corps apparemment mou que bien des gens croient qu'il s'agit d'un invertébré ? Pourtant, il est bel et bien un vertébré, mais sans pattes.

Y a-t-il deux feuilles identiques dans un arbre ?

— Même Sashimi, notre chat errant, montre des signes de faiblesse, confie Cyrus à Manfred.

Les deux hommes marchent lentement dans le boisé du couvent en parlant de la quatrième Norne, inconnue jusqu'alors dans la mythologie scandinave. Pourtant, Cyrus ne peut s'empêcher de songer à la petite Alice, qui dort de plus en plus.

— Même Gratton s'inquiète ! précise Cyrus.

— Allons, allons ! Admirez plutôt cette végétation magnifique et profitez de la fraîcheur des bois. Et dites-moi donc, pendant que nous y sommes... Existe-t-il deux feuilles du même arbre qui soient absolument identiques ?

— Quelle question, Manfred ! Bien sûr que les feuilles d'un même arbre sont identiques ! Imaginez des branches couvertes de feuilles d'espèces différentes ! Il faudrait des croisements bien curieux pour arriver à cela…

— Je veux dire, plus précisément, existe-t-il deux feuilles que l'on pourrait superposer et qui auraient très exactement le même contour et la même couleur ?

— Avez-vous préparé votre liste de questions avant de quitter l'Allemagne, cher ami ? demande Cyrus avec un sourire.

— Pas du tout. Je suis un homme qui s'interroge.

— Je vous dirai que toutes les feuilles d'un même arbre sont semblables. Toutes les feuilles d'un érable argenté possèdent la même structure, la même couleur et la même forme. Les feuilles d'un peuplier également. Il en va ainsi pour la plupart des arbres.

— Mais elles ne sont jamais parfaitement identiques ?

— Parfaitement, non. Les feuilles d'un arbre ne poussant pas toutes

en même temps, elles sont donc à des stades de croissance différents et, ainsi, elles sont de tailles différentes. Certaines seront plus vertes, d'autres moins, selon leur exposition à la lumière. Enfin, certaines peuvent présenter de légères malformations.

— D'autres peuvent avoir été grugées par des chenilles en appétit…

— Ou déchirées par une branche…, ajoute Cyrus.

— Ou attaquées par une maladie… Oh, que la vie des arbres peut être dure ! s'écrie Manfred en enlaçant un grand pin.

— Il serait donc bien difficile de trouver deux feuilles absolument identiques.

— Savez-vous reconnaître les arbres par leurs feuilles ? demande Manfred en laissant son grand pin.

— Passablement bien, oui. La feuille de l'orme n'a rien à voir avec celle du chêne, ni celle du frêne avec celle de l'érable. Sans parler qu'il existe plusieurs espèces d'érables, par exemple.

Érable Orme Chêne

— Il faudrait que je prenne le temps d'observer la nature dans ses détails…

— Et quand donc le feriez-vous, Manfred ? Vous passez votre vie le nez dans vos légendes !

— Cela ne m'empêche pas d'avoir un comportement normal, j'espère ?

— À part le fait de perdre une paire de lunettes par semaine, non ! dit Cyrus en donnant une bourrade à son cher ami.

— Vous me prêterez un livre sur les arbres de votre région ?

— Avec plaisir, et je vous ferai même passer un examen quand vous aurez terminé votre étude sur nos arbres…

— Reprenons maintenant notre première conversation, dit Manfred. Cette quatrième Norne, si elle existe, est-elle plus âgée que Urd ? Serait-elle la mère de nos trois Nornes connues ?

Quelques arbres présentent deux sortes de feuilles. Dans le cas de l'eucalyptus, les jeunes feuilles n'ont pas la même forme que celles qui poussent sur l'arbre plus mature. Lorsque l'arbre grandit, les feuilles passent d'une forme ovale à une forme très allongée. Elles sont si dissemblables qu'on pourrait croire qu'elles appartiennent à des arbres différents. Le mûrier blanc a lui aussi des feuilles de formes très distinctes.

Quel est le cri de la girafe ?

Cyrus est assis sur la plage et observe Gratte-Bedaine, qui s'amuse à disperser les mouettes. Soudain, il entend des pas. En se retournant, il voit un petit garçon vêtu d'une salopette rouge.

— Bonjour, Linus, dit le savant.

— Bonjour, monsieur Cyrus. Je vous cherchais.

— Et pourquoi donc ?

— Parce qu'une question me turlupine depuis longtemps et que je ne trouve la réponse nulle part.

— Et quelle est cette question ?

— Quel est le cri de la girafe ?

— Bonne question ! Pendant des années, et jusqu'à tout récemment, on croyait que les girafes étaient muettes. Cela parce qu'on les entend rarement. Pourtant, cet étrange mammifère possède un appareil vocal très volumineux.

— Pourquoi est-ce qu'on ne l'entend jamais, alors ? demande Linus.

— On les entend, détrompe-toi. Elles expulsent de l'air par les narines par exemple, mais ce sont de petits bruits sans grande signification, souvent de simples signes de reconnaissance.

— Elles ne se parlent pas vraiment ? s'étonne le garçon.

— Au contraire ! Des chercheurs autrichiens ont découvert en 2015, après près de 1000 heures d'enregistrement dans des zoos, que les girafes communiquent entre elles durant la nuit par des sons très graves qui ressemblent à une sorte de ronflement.

— Elles parlent en dormant ?

— Pas du tout ! Les girafes sont très actives la nuit, plus actives que durant le jour. Le jour, elles ont une communication visuelle, et comme leurs yeux sont très hauts au-dessus du sol, elles voient de très loin où sont les autres membres du troupeau.

— Et la nuit ?

— C'est le son qui prend le relais de la vision. Elles émettent ces bourdonnements graves pour échanger de l'information utile. Où se trouve la meilleure nourriture, y a-t-il des prédateurs dans votre coin ? L'âge, le sexe, la domination, les moments de reproduction, elles échangent diverses informations importantes d'une girafe à une autre.

— Les girafes sont vraiment des animaux surprenants, remarque Linus d'un air songeur tout en observant les jeux de Gratte-Bedaine.

— En effet, chez ces animaux étonnants, les mâles peuvent mesurer jusqu'à 6 mètres de haut. C'est tout de même plus de 3 fois la taille d'un homme adulte.

— Est-ce qu'il y a toujours eu des girafes sur la Terre ? demande Linus.

— Disons que ces animaux sont sur la Terre depuis très longtemps. On a trouvé des fossiles de girafes ayant vécu en Europe et en Asie il y a plusieurs millions d'années. Leur territoire était alors beaucoup plus vaste que maintenant.

— Merci, monsieur Cyrus, dit Linus en se levant.

— Attends-moi, dit le savant. Je rentre aussi. Gratte-Bedaine ! Gratte-Bedaine ! ! !

— Je ne suis pas certain qu'il soit prêt à vous suivre… Il a bien trop de plaisir à agacer les mouettes !

Dans un dictionnaire français datant de la fin du XVIIe siècle, on décrit la girafe, en signalant toutefois que personne n'en a jamais vu et qu'il doit donc s'agir d'un animal chimérique. Quand, en 1826, Muhammad Ali, pacha d'Égypte, offrit une jeune girafe au roi de France Charles X, on crut qu'il s'agissait d'un croisement entre un chameau et une panthère femelle.

Comment trouve-t-on de l’eau dans le désert ?

— Cyrus, dit Manfred en allumant un cigare, je vous avoue que toute cette histoire me trouble. Je commence à penser que votre correspondant anonyme se moque de vous.

— Non ! s’écrie Cyrus.

— Et pourquoi pas ? Les imposteurs existent, vous savez !

Cyrus laisse échapper un soupir.

— Je vous aurai fait venir pour rien ! Nous errons comme deux aveugles dans un désert… Trouverons-nous la source ?

— Comment fait-on, demande Manfred, les yeux dans le vague, pour trouver de l’eau dans un désert ?

— Vous voulez vraiment que je vous l'explique ? répond Cyrus, que préoccupe davantage la situation.

— Et comment donc !

— L'eau qui se trouve sous le sable des déserts est prisonnière depuis l'époque des glaciers. Enfouie très profondément, elle est ramenée à la surface par forage.

— Mais comment sait-on qu'elle est là ?

— Grâce au travail des hydrogéologues, qui dressent des cartes des sous-sols à partir de leurs recherches sur le terrain. On arrive ainsi à savoir où se trouvent les poches d'eau.

— Des poches ?

— En quelque sorte, oui. L'eau, je vous l'ai dit, est prisonnière dans les sols rocheux.

— Sinon, elle s'évaderait !

— Évidemment ! Les hydrogéologues connaissent bien les types de roches qui ne laissent pas filtrer l'eau. Mais dites-vous bien que même des roches très dures présentent des failles par où l'eau peut s'échapper.

— Alors, on creuse et on trouve, à condition de creuser au bon endroit…

— Mais on ne trouve pas toujours.

— Et les oasis ? demande encore Manfred.

— Il y a une oasis lorsque l'eau s'accumule assez près de la surface du sol. On y creuse un puits sans avoir à aller très profondément. Dans les oasis, on trouve une végétation plutôt forte, même au milieu du désert. En plus des oasis, il y a des oueds, qui sont des cours d'eau saisonniers. Certains grands fleuves, comme le Nil, le Tigre et l'Euphrate, traversent des déserts.

— La nature est costaude ! remarque Manfred.

— Dans certains déserts d'Israël, on est arrivé à recueillir la rosée qui se dépose sur les pierres. Vous imaginez le travail, Manfred ? Les fines gouttelettes de vapeur d'eau qui sont en suspension dans l'air chaud retombent au sol la nuit quand il fait plus frais. Cette eau est absorbée par le sol désertique. Mais si on installe un système de pierres pour récolter la rosée, on récupère une quantité d'eau qui, autrement, aurait disparu dans le sable.

— Merveilleux !

— Pourquoi, diable, parlons-nous de désert ? demande soudain Cyrus.

— Parce que vous avez dit que nous errions comme deux aveugles sans eau dans un désert, dit Manfred.

— À cause d'un manuscrit qui, d'après vous, serait l'œuvre d'un imposteur...

— Je me le demande sérieusement. Allez-vous participer à ce congrès secret pour en savoir plus long ?

— J'y ai bien réfléchi et je n'irai pas.

— Que diriez-vous de venir passer la soirée au manoir ? Nous parlerons calmement de tout cela. Et je vous ferai goûter un de ces cigares…

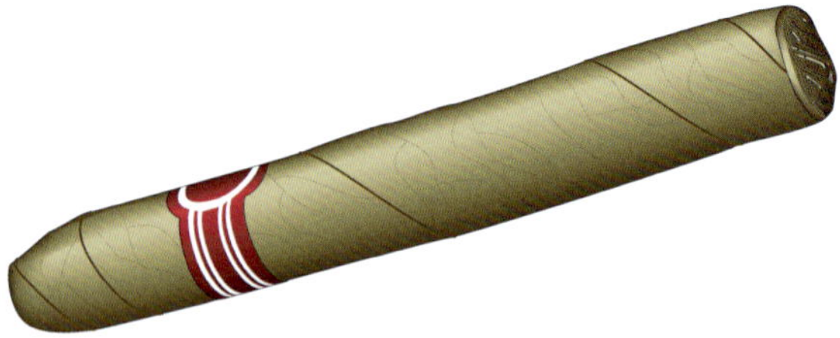

Les opérations de forage dans les déserts sont fort complexes. Il ne s'agit pas seulement de creuser un trou pour aller trouver de l'eau. Il faut tout organiser pour que cette eau ne se perde pas, qu'elle ne s'évapore pas et qu'elle soit utilisée de la meilleure façon possible.

Pourquoi a-t-on le vertige ?

Le téléphone sonne.

— Mère Marie-Madeleine ! s'exclame Cyrus après avoir décroché. Alors, toujours satisfaite de votre nouveau locataire ?

— Oui, oui. Un homme charmant. Malheureusement, il a oublié ses lunettes sur le banc de pierre du réfectoire.

— Ne vous en faites pas. Comme il les perd constamment, il m'a dit en avoir apporté au moins douze paires de rechange. Il les reprendra à une autre occasion.

La moniale toussote et se racle discrètement la gorge avant de continuer.

— C'est que sœur Gironde de Malavoy, notre vieille compagne, aujourd'hui presque aveugle, s'est malencontreusement assise dessus…

— Je vois, dit Cyrus.

— Elle a eu un vertige.

— À son âge, c'est normal, répond le savant avec philosophie.

— D'où viennent donc les vertiges ? demande la religieuse, qui ne sait trop comment s'excuser.

— Comme vous le savez, il y a différents vertiges. Certains, comme ceux dont souffre sœur Gironde, sont le résultat de maladies de l'oreille interne. Il y a aussi le vertige qui nous atteint en hauteur.

— Expliquez-moi tout cela, cher et érudit ami.

— Si nous sommes en équilibre, c'est que l'oreille interne, les yeux et le cervelet travaillent en harmonie.

— Jusque-là, je vous suis.

— Si l'un de ces trois éléments présente une défaillance, le système est en déséquilibre, et nous éprouvons des sensations de vertige.

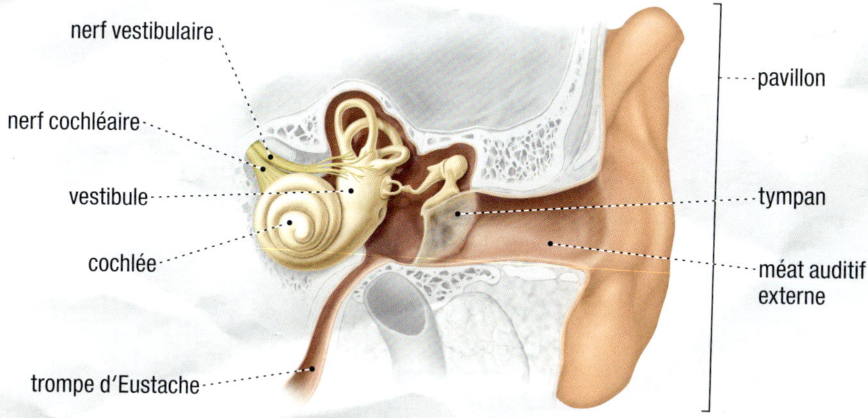

— Je vois.

— Dans ce cas, nous ne nous sentons plus, comme d'habitude, reliés à l'espace qui nous entoure.

— Hum… Et qu'en est-il du vertige que nous éprouvons quand nous montons sur une hauteur ?

— Dans ce cas, c'est que nous ne voyons plus les choses de la même façon.

— C'est évident.

— Si nous sommes très haut sur une montagne ou au sommet d'un édifice, nous percevons de manière différente ce qui est situé en bas.

— Élémentaire, mon cher…

— Nos yeux voient bien, mais le cerveau n'a pas l'habitude d'enregistrer ce que l'œil voit de cette façon. Il reçoit des messages qu'il a de la peine à organiser.

— Voulez-vous dire, Cyrus, que si nous montions tous les jours au sommet d'un édifice, notre cerveau s'habituerait ?

— Exactement. Il finirait par savoir comment réagir et il n'enverrait pas de signal d'alarme au corps.

— Ça alors ! Vous me stupéfiez.

— Les sensations de vertige, les étourdissements et les maux de cœur sont simplement des signaux qui nous avertissent de prendre garde, car nous connaissons mal la situation où nous nous trouvons.

— Et le mal de mer ? C'est pareil ?

— Le mal de mer et le mal des transports en général sont causés par un déséquilibre de l'oreille interne. C'est dans cette partie de l'oreille que se trouvent les liquides qui, lorsqu'ils sont « secoués » de manière inhabituelle, nous donnent des sensations de déséquilibre. Une infection de l'oreille interne peut produire les mêmes sensations désagréables…

— Arrêtez, Cyrus ! J'ai le tournis, coupe mère Marie-Madeleine d'une voix blanche. Et qu'est-ce que je fais des lunettes de Manfred ? ajoute-t-elle pour finir.

La maladie de Ménière cause des troubles graves de l'oreille : de grands vertiges, des bourdonnements appelés *acouphènes* et des crises de surdité. C'est une maladie qui est extrêmement pénible à supporter.

À quel âge meurent les baleines ?

— Mon cher petit Munier ! Je te présente Manfred von Klingenhorf, mon ami de toujours ! Nous allions marcher au bord de la rivière. Tu nous accompagnes ? offre Cyrus.

— Avec plaisir, et j'en profiterai pour vous demander à quel âge meurent les baleines.

— Les baleines de rivière ou les baleines de mer ? demande Manfred au petit Munier.

Martin Munier lève un regard clair vers Manfred.

— Vous voulez rire de moi, monsieur, dit-il, ou bien vous ne connaissez pas vraiment les baleines ? Je vais vous dire une chose : il n'y a pas de baleines dans les rivières !

— Manfred a un sens de l'humour très particulier, dit Cyrus en passant la main dans les cheveux du petit.

— À quel âge meurent donc les baleines, mon cher Cyrus ? demande Manfred avec un sourire coquin.

— Cela dépend des espèces, répond le savant. La baleine bleue, par exemple, peut vivre jusqu'à 110 ans.

— C'est tout de même assez long, fait remarquer Martin Munier.

— Le record de longévité va à la baleine boréale, qui vit 200 ans, 2 siècles, tu te rends compte ? Le béluga, qu'on nomme aussi *baleine blanche*, peut vivre jusqu'à 50 ans.

— Moi, quand j'aurai 50 ans, dit Martin Munier avec un grand sourire, je serai devenu le grand spécialiste mondial des baleines.

— Tu sais, mon petit Munier, les chiffres que je te donne sont approximatifs. Toutes les baleines bleues ne vivent pas jusqu'à 110 ans, toutes les baleines boréales ne vivent pas jusqu'à 200 ans et tous les bélugas ne vivent pas jusqu'à 50 ans.

— Je sais bien, Cyrus. C'est la même chose pour les humains.

— Les baleines peuvent mourir de vieillesse, mais elles peuvent aussi se faire tuer par des chasseurs.

— Personne n'a le droit de chasser les baleines ! s'écrie l'enfant.

— Je suis d'accord avec toi. Mais certains peuples ont tout de même chassé la baleine pour subvenir à leurs besoins…

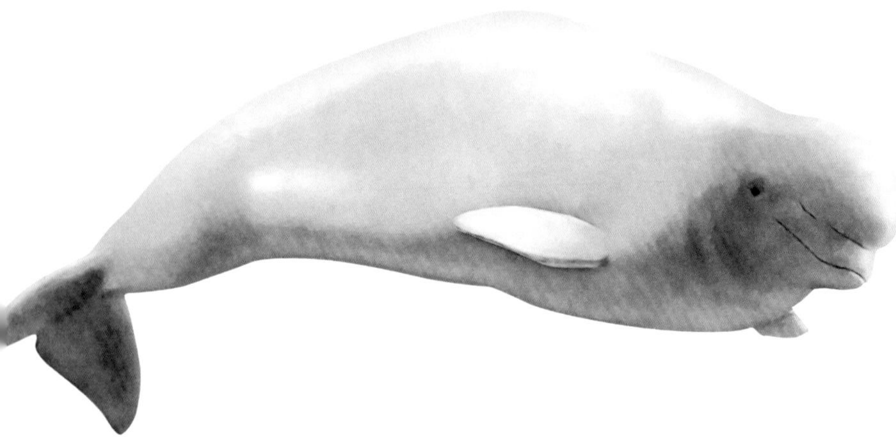

— Ça, ça va. Mais les grands chasseurs de baleines d'aujourd'hui sont pires que les pirates des mers.

— Il n'y a pas que les chasseurs de baleines, souligne Cyrus. La pollution joue un grand rôle dans l'extinction des mammifères marins. Il semble que la pollution de l'eau soit leur pire ennemi. Le réchauffement climatique a également des répercussions très néfastes sur la reproduction des baleines.

— Quand je serai à l'université, je ferai tout mon possible pour sauver les baleines, qui ne seront peut-être plus très nombreuses à ce moment-là. Est-ce que j'arriverai à temps pour sauver ces grands animaux, Cyrus ?

— Je te le souhaite, Martin Munier, je te le souhaite, dit Cyrus.

— Et moi je te souhaite d'avoir pour les humains la même générosité que tu as pour les baleines, ajoute Manfred, qui semble sortir d'un rêve.

— Que voulez-vous dire, monsieur Manfred ? demande le petit garçon.

— Je veux dire que cette planète appartient aux humains, aux plantes et aux animaux, et qu'ils ne sont rien les uns sans les autres. Sans eux, il n'y a plus de légendes, plus de mythologie, plus de pensée, plus de philosophie…

Martin Munier regarde Manfred, les yeux ronds, et dit lentement :

— Je pense que vous êtes un grand homme, monsieur Manfred, même si vous ne connaissez rien aux baleines.

La baleine bleue peut peser entre 100 et 190 tonnes. C'est le plus gros animal qui ait jamais vécu. Sa langue à elle seule pèse environ 4 tonnes, soit le poids du plus gros éléphant.

Est-ce que c'est vrai, l'astrologie ?

— Bonjour, madame Frégon ! lance Cyrus à la marchande de journaux.

— Bonjour, monsieur Cyrus. Belle matinée, n'est-ce pas ? Mon horoscope me prédit beaucoup de chance aujourd'hui.

Le savant esquisse un sourire et paie son journal. Derrière lui, une petite fille lui tire timidement la manche et lui demande à voix basse :

— Monsieur, est-ce que c'est vrai, l'astrologie ?

— Johannes Kepler, un des fondateurs de l'astronomie moderne, t'aurait répondu ainsi : « Vingt années d'études pratiques ont convaincu mon esprit rebelle de la réalité de l'astrologie. »

Cyrus entraîne la petite un peu à l'écart, près du tourniquet à cartes postales.

— Mais si tu veux savoir si madame Frégon a raison de lire son journal pour connaître son horoscope quotidien, la réponse est : non.

La petite Rachel, qui dissimule tant bien que mal une revue consacrée à son horoscope pour l'année, semble déçue.

— Si tu t'intéresses réellement à l'astrologie, tu ne dois jamais oublier ce grand principe posé par les astrologues depuis la plus haute antiquité : « Le Sage régit son étoile. » Ou, si tu préfères : « Le Sage domine son destin. » Ce ne sont pas les planètes ni les autres astres qui vont déterminer si tu seras heureuse ou malheureuse, chanceuse ou malchanceuse. Ton bonheur dépend de toi seule. L'être humain est toujours libre de choisir. Alors, ne laisse jamais un journal décider que ta journée sera bonne ou mauvaise.

Rachel regarde avec suspicion la revue de prédictions astrologiques qu'elle allait acheter.

— Toi seule as le pouvoir de diriger ta vie, répète Cyrus. Il demeure que l'astrologie existe depuis des millénaires. Déjà, au temps des anciens Égyptiens, on la considérait comme une science. Elle était étudiée par les savants de l'époque.

— C'est si vieux ! s'étonne la petite.

— Les humains ont toujours été fascinés par les étoiles et par leurs mouvements, ainsi que par les phénomènes extraordinaires, par exemple l'apparition d'une comète.

— Ils s'intéressent aussi aux rapports entre la Lune et les marées, ajoute Rachel. Ou à ceux qui existent entre la Lune et le comportement des gens.

— Tu as raison. Et toutes ces observations des astres ont permis aux hommes de découvrir certaines constantes et parfois de croire que l'ordonnance des planètes pouvait avoir un effet déterminant sur les événements.

— Mais on ne peut pas prouver cela noir sur blanc, n'est-ce pas ? demande Rachel.

— Non. Les astres constituent cependant un domaine de recherche particulièrement intéressant. Tu ne dois jamais oublier ceci : l'être humain a une place à part dans l'univers, car il est doué de raison. C'est pourquoi, contrairement aux marées, il détient le pouvoir de diriger son comportement, sa destinée. Ne te fie donc jamais aux sornettes que tu peux lire chaque jour dans le journal.

Rachel remet en place sa revue.

— Dans ce type d'horoscope, tu ne peux lire que des phrases floues comme « succès financier aujourd'hui » ou « chance dans les affaires ». Peut-être trouveras-tu une pièce de monnaie par terre ce jour-là, mais ce ne sera qu'une coïncidence.

C'est en Mésopotamie, le berceau de l'humanité, que furent établis les premiers fondements de l'astrologie. On a retrouvé des tablettes d'argile datant d'environ 5000 ans sur lesquelles des prêtres érudits ont gravé le relevé de certains mouvements des planètes, mouvements perçus comme des messages venus des dieux.

Pourquoi les tortues marchent-elles lentement ?

— Vous vous découragez pour rien, Cyrus ! gémit Manfred en levant les bras au ciel. Je vous dis qu'il est plus important de découvrir qui vous a envoyé ce fouillis de Triabunna, Tasmanie, que d'en chercher la signification.

— Vous abandonnez ! lance Cyrus d'une voix déçue.

— Je n'abandonne pas, je dis qu'il faut changer de piste. Je suis de plus en plus convaincu que ce manuscrit est faux. Et je pourrais le prouver même sans l'original. Cette copie ne vaut rien, Cyrus, rien !

— Vous ne croyez pas que nous ferions mieux de continuer, même à pas de tortue ?

— À propos, Cyrus, dit Manfred en cherchant ses lunettes, pourquoi les tortues marchent-elles aussi lentement ?

— Vous changez toujours de sujet ! s'exclame Cyrus.

— Il y a certainement une raison ! Est-ce parce qu'elles sont bien protégées par une grosse carapace et qu'elles n'ont pas besoin de fuir leurs prédateurs ?

— C'est une bonne raison, Manfred, à laquelle je n'avais d'ailleurs jamais pensé. Mais savez-vous que toutes les tortues ne marchent pas lentement ?

— Ah bon ? dit Manfred en fouillant pour la douzième fois dans ses poches.

— Les tortues de mer nagent très rapidement. Comment pourraient-elles attraper un poisson en traînant de la patte ?

— En effet, reconnaît Manfred.

— Les tortues terrestres, elles, marchent lentement, nous le savons. La plupart sont herbivores. Elles n'ont donc pas à donner la chasse à leur nourriture, comme doivent le faire les tortues aquatiques. D'autre part, elles vivent généralement dans des endroits très chauds.

— Je vous vois venir, Cyrus, dit Manfred en mettant la main sur ses lunettes qui flottaient dans la doublure de sa veste. Vous allez me dire que les tortues marchent lentement pour ne pas avoir trop chaud ?

— Vous avez parfaitement raison ! répond Cyrus. Si elles marchaient vite, leur température interne s'élèverait beaucoup trop !

— Et comme leur carapace n'est pas climatisée…, ironise l'Allemand.

— De plus, elles auraient soif et pourraient se déshydrater. Un trop grand effort nous fait transpirer et nous donne chaud. Imaginez ce que cela doit être à l'intérieur d'une carapace bien chauffée au soleil ! Les tortues marchent donc lentement pour économiser leur énergie. Ce n'est pas pour rien qu'elles vivent longtemps !

— Est-ce vrai, demande Manfred, que les tortues existaient bien avant les dinosaures ?

— Non, les ancêtres des tortues que l'on connaît vivaient sur la Terre en même temps que les dinosaures. Il y a plus de 200 millions d'années qu'elles parcourent la planète à petits pas. Elles ont su, depuis fort longtemps, s'adapter à la vie sur terre. Ce sont des êtres fascinants.

— Quand j'étais petit, une tortue habitait le jardin de mes parents. Je l'avais baptisée Maria.

— Joli nom pour une tortue ! dit Cyrus en riant.

L'écaille de tortue, une fois polie, donne un matériau translucide, veiné de brun chaud et de jaune, avec lequel on a longtemps fabriqué des peignes.

Pourquoi peut-on produire des sons en frottant le bord d'un verre avec ses doigts mouillés ?

Cyrus profite du passage de Prosper Branchu, le facteur, pour faire une pause. Assis dans le jardin, ils sirotent lentement ce petit muscat qu'apprécie tant l'employé des postes.

Tout en bavardant, celui-ci s'amuse à faire chanter son verre de cristal de Baccarat.

— Ils sont beaux, vos verres, dit-il d'un ton admiratif.

— Oui, je les ai achetés il y a plusieurs années lors d'un voyage en Lorraine. Ils proviennent de la célèbre cristallerie, fondée en 1764.

— Ma fille jubile toujours lorsque je fais chanter ainsi mon verre, confie monsieur Branchu. Mais je n'ai jamais pu lui expliquer comment, ni pourquoi, se produit ce phénomène.

— Si on génère un son en frottant le bord d'un verre, c'est que cette friction le fait vibrer. Ainsi, le verre émet une résonance. Toutes les molécules se mettent à vibrer à une même fréquence et, de cette manière, émettent un son.

— Y a-t-il seulement le verre qui puisse chanter ainsi ?

— Tous les matériaux vibrent d'une façon ou d'une autre, répond Cyrus.

— Vous m'étonnez. Jamais je n'ai entendu le bois chanter.

— Tous les matériaux n'émettent pas un son facile à entendre. Un morceau de bois plein ne produira pas le même son qu'un morceau de bois creux. Un bloc de verre n'émettra pas le même son qu'un récipient en cristal.

— Un grossier verre à moutarde ne chantera pas aussi bien que celui-ci, en cristal, remarque monsieur Branchu.

— Plus le verre est fin, plus la fréquence obtenue est pure et élevée.

— Pourquoi est-ce mieux de mouiller son doigt pour le faire chanter ?

— Parce que l'eau permet au doigt de mieux glisser sur le bord du verre.

— C'est tout ? s'étonne Prosper Branchu, visiblement déçu.

— L'eau n'a pas d'autre utilité que celle-là.

— Revenons à ce que vous me disiez tout à l'heure : tous les corps vibrent ?

— Oui, mais plus ils sont fins, plus leurs fréquences sont élevées. Prenez un morceau d'acier, par exemple. S'il a deux ou trois centimètres d'épaisseur, vous le ferez difficilement vibrer avec vos doigts. Par contre, faites-en une corde assez fine et tendez-la : vos doigts la feront résonner.

— Vous songez à une guitare, Cyrus.

— Par exemple. La caisse de résonance de l'instrument amplifie le son engendré par le pincement des cordes.

— C'est vrai qu'on imagine mal quelqu'un jouer de la guitare avec des plaques d'acier de deux ou trois centimètres d'épaisseur !

— Si certaines chanteuses ont réussi à faire éclater un verre, c'est qu'elles arrivaient à émettre un son à la même fréquence que celui-ci. Les vibrations s'amplifient, s'amplifient jusqu'à ce que le verre soit aux limites de sa résistance à la vibration. Le verre vibre à la même fréquence que la voix jusqu'à ce qu'il éclate.

De graves accidents sont survenus sur des ponts lorsque des soldats marchant au pas produisaient une fréquence égale à la fréquence du pont. Celui-ci se met à osciller de plus en plus et la fréquence s'amplifie jusqu'à ce que les matériaux ne puissent plus le supporter. Alors tout s'écroule.

Pourquoi nos os craquent-ils et font-ils du bruit ?

— Manfred, c'est vous ? crie Cyrus du fond de son grenier.

Personne ne répond à l'appel du savant. « Deviendrait-il sourd ? » se demande Cyrus en commençant à descendre. Soudain, il perd pied et se retrouve au bas de l'escalier.

— Cyrus ! fait la chaude voix d'une femme.

— Gabriella ! s'écrie le savant en ouvrant les yeux. Je devais aller vous chercher.

— J'ai voulu vous faire une surprise ! Vous vous êtes blessé ? Paola, dis bonjour à Cyrus…

— Excusez-moi, fait Cyrus, confus, en essayant de se remettre debout.

Paola lui tend la main en éclatant de rire.

— Maman m'a tellement parlé de vous comme d'un grand homme que je suis tout étonnée de vous voir écrasé par terre. Vous vous êtes peut-être fracturé quelque chose ?

— Je suis sûr que non, dit Cyrus en se relevant. J'ai entendu craquer ma cheville, mais j'ai eu peur pour rien. Elle bouge très bien.

— Il ne faut pas croire que les os craquent parce qu'ils se cassent, vous savez, déclare Paola très sérieusement.

— Ah non ? répond Cyrus en feignant l'ignorance.

— Non, poursuit Paola pendant que Gabriella aide Cyrus à passer au salon. Ce ne sont pas nos os qui craquent, d'ailleurs. Ce sont nos articulations qui claquent !

— Expliquez-moi tout, mademoiselle, demande Cyrus avec un sourire en coin.

— Voyez-vous, les articulations sont les points de rencontre des os. Regardez votre cheville et pensez à tous les os qui se rencontrent là !

— En effet, il y en a plusieurs, reconnaît Cyrus.

— À ces points de rencontre, les os sont recouverts de cartilage, qui sert à faciliter le frottement.

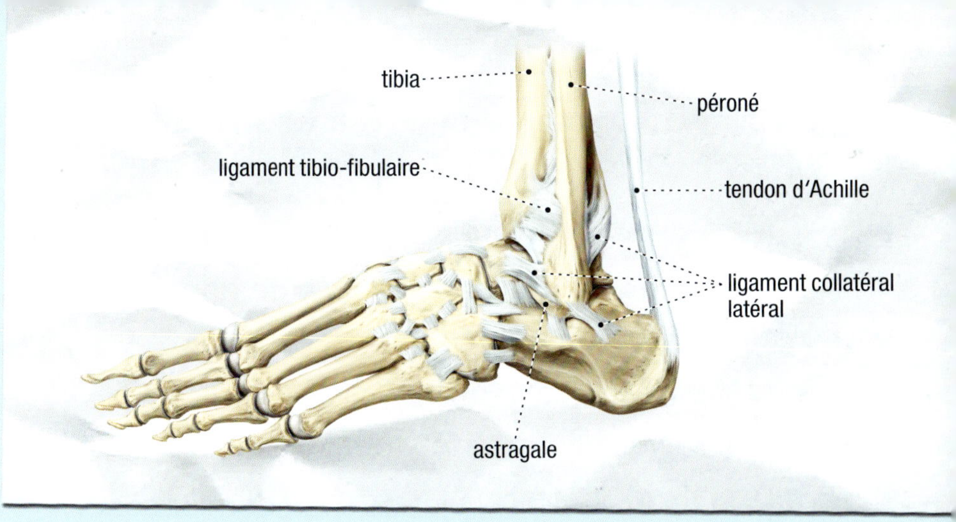

De plus, les articulations sont lubrifiées par un liquide. On l'appelle le *liquide synovial*.

— Ce liquide permet sans doute aux os de se mouvoir plus aisément les uns par rapport aux autres ? demande Cyrus d'un air parfaitement innocent.

— C'est exact. L'articulation est enfermée dans une sorte de capsule où flotte ce liquide, rempli de milliers de petites bulles. Si les os sont serrés l'un sur l'autre, ils exercent une pression sur le liquide synovial, et les bulles demeurent toutes petites. Quand les os se relâchent, la pression diminue et les bulles se regroupent pour n'en former qu'une seule. Cette variation de pression, combinée à un mouvement, fait éclater la bulle. Pof !

— Merveilleux ! s'exclame Cyrus.

— C'est parce qu'il s'est créé un vide dans l'articulation, conclut Paola.

— Ma chère Paola, votre savoir m'impressionne. Est-ce que vous connaissez tout sur tout ?

— Loin de là ! C'est le sujet de mon dernier cours de biologie. Notre professeur nous a donné un exemple un peu boiteux, mais tout de même clair, pour expliquer le craquement. Vous mouillez vos deux paumes et vous les appuyez très fortement l'une contre l'autre. Si vous les séparez brusquement, vous entendrez l'équivalent du craquement des articulations. Vous ne saviez pas ça ?

— Je le savais un peu, dit humblement Cyrus. Mais pas dans le détail. Que diriez-vous, mesdames, de passer à table ? J'ai un canard au citron qui n'attendait que vous !

Le cartilage qui recouvre l'extrémité des os est une matière un peu molle, solide et très glissante. Avec l'âge, le cartilage s'use et entraîne des maladies comme l'arthrose.

C'est quoi, un microbe ?

— Tire-toi de là, microbe ! hurle Oskar à l'adresse de son plus jeune frère. Rentre à la maison, ouste !

Cyrus, qui revient du marché, est témoin de la scène. Devant la mine déconfite du petit Marius, il s'approche.

— Viens, mon garçon, je te raccompagne chez toi.

— J'ai hâte d'être grand, soupire Marius.

— Ça viendra, ça viendra, ne t'inquiète pas.

— Pourquoi Oskar me traite-t-il toujours de microbe ? gémit le gamin.

— Parce que tu es encore petit et que les microbes sont des êtres microscopiques. Mais, je te l'accorde, ce n'est pas très gentil. Pour te consoler, dis-toi que les microbes sont des êtres fascinants.

— Qu'est-ce que c'est exactement, un microbe ?

— Dans le dictionnaire, on dit : « nom générique de tous les organismes unicellulaires invisibles à l'œil nu ». Ce sont donc de tout petits organismes composés d'une seule cellule. On ne les voit qu'avec des microscopes puissants.

— Mais un microbe, laisse tomber Marius avec tristesse, c'est un être malfaisant.

— Il y a de bons microbes et de mauvais microbes. Certaines bactéries produisent des aliments nutritifs ; d'autres microbes, tels les virus, les champignons, plusieurs types de bactéries et les protozoaires, provoquent des maladies.

— C'est effrayant !

— Les microbes sont essentiels à la vie, même si parfois on peut croire qu'ils sont uniquement nuisibles. De plus, ils sont fascinants. Ce sont des êtres vivants, tu sais.

— Ah oui ?

— Comme les autres animaux, les microbes se nourrissent, ont une vie active et se reproduisent. Mais tous les microbes ne se multiplient pas de la même façon. D'une manière générale, ils se dédoublent, et très rapidement.

Marius, étonné, ouvre de grands yeux.

— Les microbes ont tous des allures différentes. Certains, comme les bacilles, sont en forme de bâtonnets, minces et longs. Les salmonelles, elles, sont poilues.

— Ils sont laids, en plus ! Qu'est-ce que ça fait, un microbe ? demande Marius.

— Les bactéries présentes dans le lait vont, en dévorant certaines autres substances, transformer ce lait en yogourt ou en fromage. Dans d'autres cas, certains microbes, comme les levures, permettent la fabrication de bière, de vin et d'alcool.

— Ce sont les bons microbes. Mais les autres ?

— Les microbes qui attaquent l'organisme humain doivent en être éliminés grâce à des médicaments dont la tâche est précisément de venir à bout de tel ou tel microbe.

— Comment ?

— Le médicament détruit le microbe avant que celui-ci détériore une partie de l'organisme. Certaines bactéries, lorsqu'elles entrent dans notre corps, s'attaquent à un tissu particulier. Ainsi, telle bactérie va s'en prendre au muscle cardiaque, puisque c'est le tissu qu'elle aime dévorer. Heureusement, cela se produit très rarement.

— Je ne veux pas être un microbe !

— Tu n'en es pas un, le rassure Cyrus.

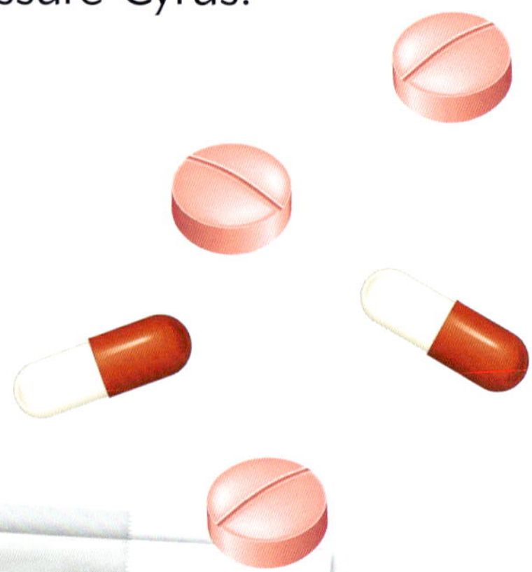

Le mot *microbe* vient de deux mots grecs : « *mikros* » (petit), et « *bios* » (vie). Il signifie donc : « petite vie » ou « petit organisme vivant ».

Qu'est-ce qui fait que les éponges absorbent l'eau ?

— J'aime bien votre maison, dit Paola à Cyrus, mais j'avoue que le manoir de Broglie est un endroit extraordinaire. J'ai hâte de m'y installer…

— Moi, ce que j'aime chez vous, ajoute Gabriella, sa mère, c'est la vie calme, ponctuée de toutes ces visites d'enfants curieux.

— Quand on n'a pas d'enfants, on emprunte ceux des autres ! dit Cyrus en riant. Et je n'en manque pas.

— Qu'est-ce qu'il voulait savoir, le petit de ce matin ? demande Paola.

— Le petit, c'est Arnold. Timide, celui-là ! Et drôle… Il m'a demandé comment les éponges faisaient pour absorber l'eau.

— Qu'avez-vous répondu ? demande encore Paola.

— Que les éponges sont constituées d'une multitude de petits tubes qui se remplissent d'eau par capillarité.

— Qu'est-ce que la capillarité ?

— C'est le nom qu'on donne au phénomène d'ascension des liquides dans des tubes fins. Les molécules de l'eau sont attirées par différentes substances, mais tout particulièrement par l'oxygène. L'eau s'infiltre dans les milliers de tubes de l'éponge, à la poursuite de l'oxygène qui s'y trouve. Plus les tubes sont fins, plus l'eau a de la facilité à y pénétrer.

— Elle y entre plus rapidement ?

— C'est tout à fait ça, dit Cyrus.

— L'eau prend la place de l'oxygène…, murmure Paola.

— Prends un morceau de sucre et trempe-le dans le café. Tu verras bien le café s'infiltrer dans les minuscules espaces libres qui se trouvent entre chaque grain de sucre.

— Même chose pour le papier buvard ?

— Oui, et même chose également pour ce qui est de l'eau dans le sol, des racines qui pompent l'eau de la terre pour nourrir l'arbre et de la sève qui monte dans l'arbre.

— Mais dans la mer, Cyrus, à quoi ressemblent-elles, les éponges ?

— Elles ont presque la même allure que les éponges naturelles que l'on achète, mais elles sont un peu plus enveloppées, dirais-je. Elles possèdent des cellules et sont recouvertes d'une substance gélatineuse qui remplit leurs fibres. Ce que l'on connaît d'une éponge, c'est son squelette, débarrassé de ses parties molles et de ses impuretés. L'éponge de mer est un filtre, tu sais. L'eau passe

à travers son corps, qui absorbe les substances nécessaires à la vie.

— Vous excuserez mon ignorance, Cyrus, dit Paola, mais je ne saurais pas dire si l'éponge est une plante ou un animal…

— Tu n'es pas la seule à te poser la question, répond Cyrus. On a longtemps classé l'éponge parmi les plantes. Mais on sait maintenant que ce n'en est pas une. L'éponge est bel et bien un animal marin, quoique de rares espèces vivent en eau douce.

— Ce que je retiens de tout cela, dit Paola d'un air très sérieux, c'est que la capillarité est d'une importance majeure. Si ce phénomène n'existait pas, les plantes n'arriveraient pas à vivre…

— Elles mourraient, même, précise Cyrus.

— Que de choses nous apprendrons chez vous, mon cher Cyrus ! s'exclame Gabriella. Je suis toujours fascinée par le fait que nous en sachions autant, et si peu aussi…

— Je te l'ai toujours dit, maman, l'interrompt Paola. Ce n'est pas parce que tu es la grande spécialiste des insectes que tu connais tout de la vie !

— Vous avez toute une fille, ma chère, glisse Cyrus à l'oreille de son amie.

Les éponges naturelles sont plus absorbantes que les éponges synthétiques parce que leur réseau de tubes est beaucoup plus complexe. Dans la mer, elles peuvent servir d'abri à certains animaux, crevettes ou larves d'insectes, qui profitent de la nourriture qu'elles leur procurent.

Pourquoi, lorsqu'il fait chaud, le mercure monte-t-il dans le thermomètre ?

— Que faites-vous, Cyrus ? demande Prosper Branchu en entrant dans la cuisine.

Apportant le courrier du jour, il trouve le savant par terre, accroupi dans la cuisine, derrière son chien.

— Gratte-Bedaine est malade, je prends sa température. Et comme je ne retrouve plus mon thermomètre auriculaire, j'ai dû me rabattre sur un vieux thermomètre au mercure dont je ne me sers plus depuis des années.

— Il n'a pas l'air ravi du traitement que vous lui infligez, remarque le postier.

L'animal, en effet, a les yeux plus humides qu'à l'accoutumée et semble impatient qu'on le relâche enfin.

— Mettez-vous à sa place…

Le savant retire le thermomètre et replace délicatement la queue de l'animal, qu'il tenait relevée.

— Quarante degrés ! annonce Cyrus. Ce soir, si la fièvre n'est pas tombée, je le conduirai chez le vétérinaire.

— Pauvre vieux Gratton, murmure Prosper Branchu, sincèrement désolé. Dites-moi, cher ami, pourquoi la chaleur fait-elle monter le mercure du thermomètre ?

— Regardez, dit Cyrus après avoir nettoyé son instrument avec de l'alcool. Le mercure est emprisonné dans une tige qui se termine par une ampoule, ici, dans le bas.

— En effet.

— Le mercure est un métal qui a la particularité d'être liquide à la température ordinaire. Il est un excellent conducteur de chaleur et d'électricité.

— Je ne savais pas.

— Lorsqu'il fait chaud, le mercure se dilate.

— Normal.

— En se dilatant, le mercure liquide a besoin de plus d'espace que sa seule petite ampoule, située à la base du thermomètre. Il utilise le corridor qu'on lui fournit, le tube creux du thermomètre, et s'y faufile.

— C'est simple, en effet, admet le facteur.

— L'inverse se produit lorsque la température descend. Le mercure se contracte et reprend sa

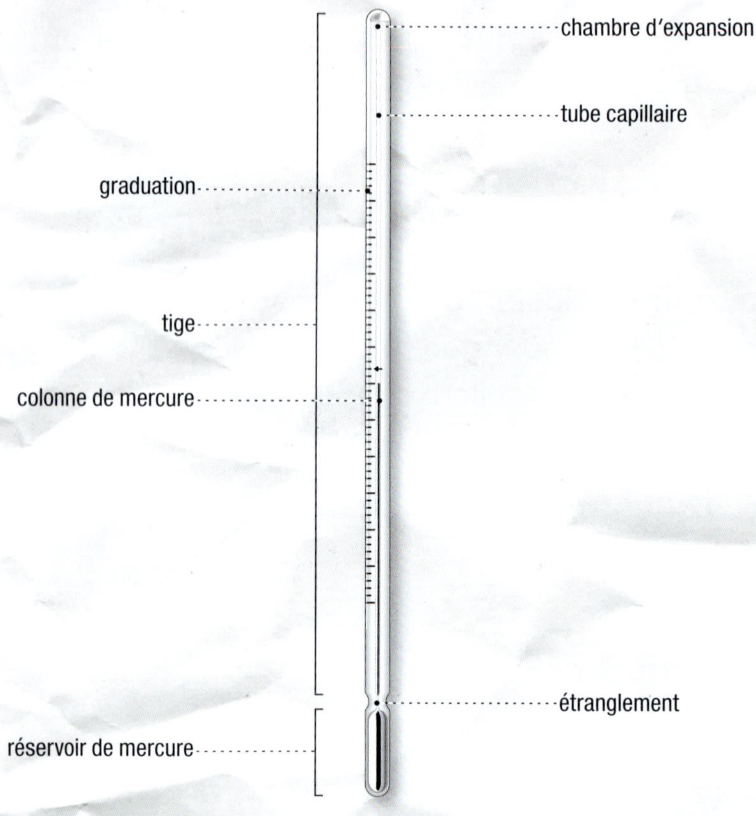

place dans l'ampoule. Comme il est très sensible aux variations de température, il peut indiquer très précisément et rapidement les variations de la température de notre corps.

— Ou de celle de ce pauvre Gratton ! Mais qu'est-ce au juste que ce métal liquide ? demande l'employé des postes.

— Le mercure est extrait d'un minerai rouge par un processus de grillage dans un courant d'air.

— Mais il est de couleur argent, n'est-ce pas ?

— En effet. D'ailleurs, au Moyen Âge, on l'appelait *vif-argent*, parce qu'il est comme de l'argent liquide : il se déplace très vivement, comme s'il fuyait.

— Pourquoi, alors, trouve-t-on des thermomètres rouges ?

— Le liquide rouge contenu dans les thermomètres extérieurs est de l'alcool, car à 39 degrés Celsius au-dessous de zéro, le mercure gèle.

— Qui a eu l'idée d'inventer le thermomètre ? demande Branchu.

— Le savant Galilée. C'est lui qui, vers les années 1600, inventa le thermoscope, l'ancêtre du thermomètre.

— Mais il n'y a pas de « degrés Galilée » ! s'étonne le facteur.

— Non, pour nommer les degrés il faudra attendre l'Allemand Daniel Gabriel Fahrenheit. Sa curieuse échelle des températures situe le point de congélation de l'eau à 32 degrés et son point d'ébullition à 212 degrés.

— Je préfère l'échelle de Celsius, déclare Prosper Branchu. Selon cette échelle, le point de congélation de l'eau se trouve à 0 degré, et le point d'ébullition se situe à 100 degrés. C'est plus facile à retenir !

Les thermomètres au mercure sont maintenant interdits dans plusieurs pays, remplacés par des appareils qui n'utilisent plus le mercure et qui affichent la mesure de température plus rapidement. D'ailleurs, le mercure étant hautement toxique, il fallait faire très attention de ne pas briser le thermomètre. L'ancien thermomètre à mercure, muni d'une tige graduée, a été inventé en 1866 par Sir Thomas Clifford Allbutt.

Comment se fait-il qu'un pic ne se fasse pas mal en frappant sur un arbre et que son cerveau n'éclate pas ?

— Que concluez-vous de l'examen que vous avez fait subir à Alice ? demande Cyrus à Gabriella en remontant l'allée qui mène au manoir.

— Je ne sais pas encore. Son comportement, comme celui de votre chat errant, me porte à croire qu'ils ont été contaminés par un insecte qui n'existe pas chez vous. C'est bizarre…

— Il n'y a aucune possibilité que cet insecte vive ici ?

— Aucune. Le climat ne le permet pas.

— Alors…

— Il faudra revoir votre vétérinaire.

Les deux amis aperçoivent Manfred et Paola, qui se dirigent vers eux.

— Cyrus ! s'écrie Paola. Expliquez-moi quelque chose !

— Nous sommes dans le noir total ! s'exclame Manfred en même temps. Figurez-vous que Paola me demande de lui expliquer pourquoi les pics ne se fracassent pas le cerveau en frappant comme ils le font sur le tronc des arbres…

— Et qu'avez-vous répondu ? demande Cyrus avec un sourire taquin.

— Rien ! J'ignore totalement la réponse.

— Paola, si le pic se faisait mal à la tête, crois-tu qu'il s'obstinerait ainsi à frapper sur les arbres ?

— Bien sûr que non !

— La boîte crânienne du pic est beaucoup plus épaisse et beaucoup plus dure que celle des autres oiseaux. Les os sont remarquablement forts, et très résistants. De plus, l'espace qui se trouve généralement entre le crâne et le cerveau est quasi inexistant chez le pic.

— De sorte que son cerveau ne peut pas bouger lorsqu'il remue la tête ?

— Exactement. Le cerveau est retenu très fermement à l'intérieur de la boîte crânienne.

— Mais son pauvre petit cou, Cyrus ! intervient Manfred d'une voix apitoyée.

— Son pauvre petit cou est formidablement musclé. Les muscles de son cou, ainsi que ceux de sa tête, sont hyperdéveloppés, de sorte que le pic ne se fatigue aucunement lorsqu'il frappe le tronc des arbres. Ces muscles lui permettent de très bien contrôler son tir.

— Que la nature est forte ! s'exclame Manfred sur un ton solennel.

— Vous parlez toujours comme ça ? demande Paola en pouffant de rire.

— Quand je m'extasie, oui ! répond le chercheur.

— Je vous dirai aussi, poursuit Cyrus pour impressionner Manfred le curieux, que le bec du pic est très dur, très droit et formidablement aiguisé.

— À quoi lui sert de piquer ainsi les arbres ? demande Paola en ouvrant la porte du manoir.

— C'est de cette façon qu'il se nourrit. L'écorce et le bois des arbres abritent bien des insectes. Le pic va les chercher, tout simplement. Il creuse également le tronc des arbres pour y bâtir son nid.

— Moi, dit Paola, je croyais qu'il communiquait par messages codés avec ses congénères…

— Et tu as raison. Les coups répétés du pic signifient que le territoire est déjà occupé et que les autres doivent aller piquer ailleurs.

— Que la nature est forte ! s'écrie Paola, moqueuse.

— Riez, riez, jeune fille, répond Manfred sans broncher. Cela me laisse froid.

— Vous mangez avec nous ? demande Gabriella à Cyrus. Votre amie, mère Marie-Madeleine, nous a apporté une merveille, ajoute-t-elle en ouvrant le réfrigérateur. Le saumon ! Qui a sorti le saumon ?

Un saumon ne sort tout de même pas d'un frigo tout seul !

— Je vous ferai des pâtes, dit doucement Paola. Maman, tu as peut-être rangé le saumon ailleurs ?

Le pic possède une très longue langue, terminée par un crochet visqueux. Il peut ainsi aller chercher plus loin que la longueur de son bec les insectes cachés dans le bois des arbres.

Pourquoi dit-on « frères et sœurs siamois » ?

Assis à la terrasse du café des Lilas situé dans le port, Cyrus s'accorde quelques instants de repos. Il aime contempler la foule qui déambule devant les vitrines des boutiques.

— Bonjour, monsieur Cyrus ! lance Bertram, le fils du propriétaire.

— Bonjour, Bertram. Quoi de neuf ?

— J'ai enfin réussi à obtenir de mon père qu'il m'offre l'animal dont je rêvais depuis toujours, annonce le garçon.

— Tu veux dire que ton père a accepté que tu aies un chat siamois ?

— Eh oui !

Le garçon est visiblement heureux.

— Vous voulez le voir ? demande-t-il.

Sans attendre la réponse de Cyrus, il se précipite à l'étage, oubliant son sac aux pieds du savant. Il revient bientôt avec un superbe chaton beige, aux yeux d'un bleu très profond.

— Il est beau, juge aussitôt Cyrus, en connaisseur.

— C'est un animal de race, avec pedigree et tout et tout, vous savez.

— Je te crois.

— Il s'appelle Bidule.

Le visage de Bertram devient soudain grave. Tenant le chat dans ses bras, il se laisse tomber sur une chaise, à côté du savant.

— Qu'y a-t-il, mon Bertram ? s'inquiète Cyrus. Tu es bien sérieux tout à coup.

— C'est que..., commence le garçon en hésitant. C'est que je me demande pourquoi on dit «frère et sœur siamois».

— Ah ! Tu me parles là d'une terrible malformation. Dans ce cas, le terme *siamois* désigne des jumeaux qui naissent rattachés l'un à l'autre par deux parties semblables de leurs corps.

— Oui, dit Bertram. J'ai vu des photos d'enfants, soudés l'un à l'autre par la tête, par un bras ou par l'abdomen.

— La première fois que des savants, en France, examinèrent des jumeaux présentant cette malformation, il s'agissait de deux garçons nés en 1811 au royaume de Siam. On les désigna sous le vocable de *frères siamois*. Ils ont vécu jusqu'à l'âge de 63 ans. L'adjectif est resté.

— Vous dites qu'ils venaient du royaume de Siam ? Je n'ai jamais entendu parler de ce royaume, dit Bertram en se creusant la tête.

— Le Siam est le nom que l'on donnait autrefois à ce qui est aujourd'hui la Thaïlande.

— Vous voulez dire, monsieur Cyrus, qu'autrefois les Thaïlandais s'appelaient des Siamois ?

— Et les Thaïlandaises, des Siamoises, oui.

— Ça alors !

— La race des chats siamois, comme ton Bidule, a également été importée de Thaïlande, au siècle dernier.

— D'où leur nom de *chats siamois*.

— C'est exact, approuve le savant.

Bertram serre son chat contre lui, le cajole et l'embrasse. Mais il garde les sourcils froncés. Il continue de réfléchir. Soudain, il demande :

— Cyrus, si on inventait ces mots aujourd'hui, on parlerait de « chats thaïlandais » et de « jumeaux thaïlandais » ?

— Tu as tout compris. Au cours des siècles, les pays ont souvent changé de noms.

C'est en 1939 que le Siam devient la Thaïlande. Son nom, en langue thaïe, signifie « pays des hommes libres ».

Pourquoi les crabes marchent-ils de côté ?

— Pas encore du crabe ! s'écrie Tibérius, venu dîner chez son oncle Cyrus.

— Dis donc, cher neveu, bien des gens seraient ravis d'avoir cette excellente croustade de crabe à leur menu.

— Excusez-moi, tonton, vous avez parfaitement raison. Mais, dites-moi, pourquoi les crabes marchent-ils de côté ?

— Plusieurs crabes le font de côté, mais pas tous. Beaucoup peuvent se déplacer vers l'avant, vers l'arrière et sur le côté. Il existe plusieurs sortes de crabes, et la configuration de leur corps fait qu'ils avancent de différentes manières.

— Je croyais qu'ils marchaient tous de côté, avoue Tibérius.

— Ce n'est pas le cas. Il est vrai, cependant, que le crabe est le seul animal à pouvoir marcher de côté sans avoir à faire pivoter son corps. Les chevaux, ou d'autres quadrupèdes, exécutent parfois des mouvements de côté, mais ils ne se déplacent pas aussi précisément qu'un crabe est capable de le faire.

— Dites, tonton, qu'est-ce qui détermine qu'un crabe marche d'une manière plutôt que d'une autre ?

— Les crabes qui ont des carapaces larges peuvent difficilement marcher vers l'avant ou vers l'arrière. Leurs pattes étant généralement petites par rapport à leur corps, ils avancent à pas menus pour aller vers l'avant ou vers l'arrière. S'ils veulent accélérer la cadence, ils doivent se déplacer de côté.

— Au moins, ils ont le choix.

— Tu as certainement remarqué que les pattes des crabes sont attachées sur les côtés de leur ventre. Leurs articulations sont dans l'axe contraire de leur corps. Les crabes ne peuvent détendre leurs pattes au maximum que sur les côtés. Imagine que tu as des pattes de crabe à la place des jambes et tu vas comprendre.

— Ce n'est pas évident...

— Pour un humain, c'est facile de lancer les jambes vers l'avant : elles sont rattachées au bassin et peuvent pivoter passablement bien ; quant à l'articulation du genou, elle plie vers l'avant.

— J'adore les pattes de crabes ! lance Tibérius.

— Lorsqu'ils sont vivants, les crabes ont l'étonnante faculté de se régénérer. S'ils se font dévorer une patte, celle-ci repoussera. Mais il est possible que cette nouvelle patte soit beaucoup plus petite que la patte d'origine.

— Un gourmet préfère donc se faire servir des pattes d'origine ! conclut le garçon.

— Tu sais que la carapace des crustacés est en réalité leur squelette ? Les crabes, comme les homards, muent. Lorsqu'ils grandissent, ils quittent leur carapace devenue trop étroite.

— Comme s'ils déménageaient lorsque leur maison devient trop exiguë.

— Oui, mais ils ne quittent leur vieille carapace que lorsque la nouvelle est prête. Au début, cette carapace est molle. Elle se solidifiera peu à peu après avoir remplacé l'ancienne. Pendant qu'elle est molle, le crabe peut grossir.

— Curieuses bestioles !

— Les crabes dont la carapace est encore molle sont très recherchés par les gastronomes, dit Cyrus.

— Et pourquoi donc ?

— On peut alors manger tout le crabe, explique Cyrus. L'intérieur, bien sûr, mais aussi l'extérieur. Tout, sauf la petite poche de fiel, située derrière les yeux.

Le crabe des cocotiers se nourrit bel et bien de noix de coco ! Ce n'est pas un crabe au sens strict, même s'il en a l'air. C'est le plus grand arthropode terrestre et il fait partie de la famille des bernard-l'hermite.

Comment a-t-on découvert l'électricité ?

— Tibérius, mon neveu, nous allons prendre le café au manoir. Il est temps que tu fasses la connaissance de Paola, la fille de Gabriella.

— Je l'ai déjà vue ! réplique Tibérius.

— Vous aviez alors quatre et six ans.

— Elle est plus vieille que moi !

— Ça ne t'empêche pas de lui parler ! rétorque le savant. Elle est jolie, raffinée, curieuse. Elle doit se sentir un peu seule, entre sa mère et deux vieux fous qui s'acharnent sur la mythologie scandinave.

Cyrus et Tibérius prennent le chemin du manoir, suivis d'un Gratte-Bedaine tout joyeux.

— Ils doivent être sortis, remarque Tibérius. Tout est noir…

— Mais non, ils nous attendent, réplique Cyrus en frappant à la lourde porte de chêne.

— Ah ! vous voilà ! s'exclame Manfred en venant ouvrir, un grand chandelier à la main. Nous sommes dans le noir total !

— La lumière va, la lumière vient ! renchérit Gabriella. Et pourtant, il ne vente pas... Entrez tout de même.

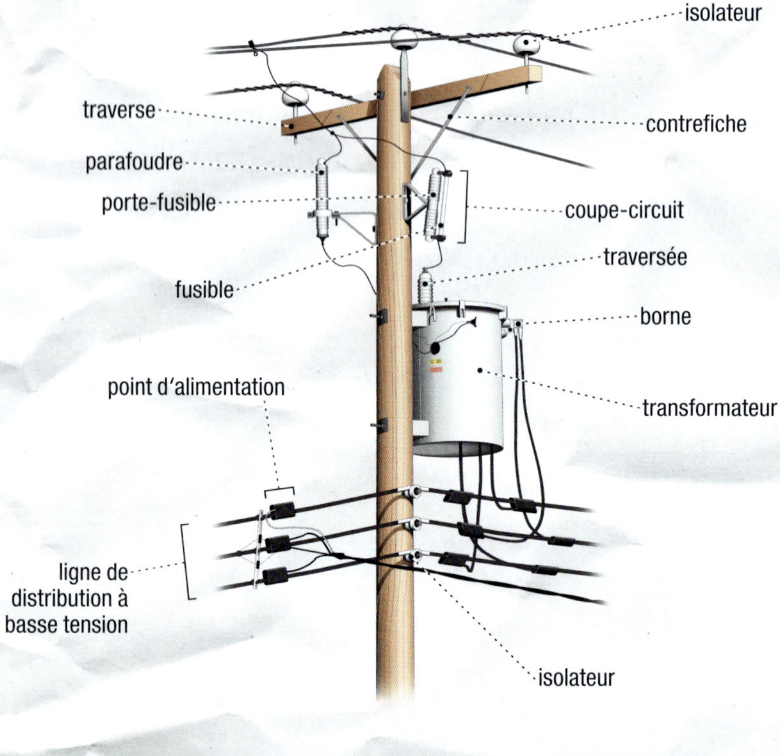

— Oncle Cyrus, dit tout bas Tibérius, comment a-t-on fait pour découvrir l'électricité ?

— Oh oui ! expliquez-nous ça ! dit Paola en sortant de l'obscurité.

— Tu as l'oreille fine, Paola. Laisse-moi d'abord te présenter mon très cher neveu, mon presque fils, Tibérius Pagton. Tibérius, Paola Caccia.

— Je me souviens très bien de toi ! dit Paola à Tibérius.

Aussitôt mal à l'aise, Tibérius demande :

— Et... l'électricité ?

— Figurez-vous, dit Cyrus en rejoignant les autres au salon, que l'électricité a été... remarquée, ou observée, par Thalès de Milet, philosophe et mathématicien grec, vers 600 av. J.-C.

— Vous n'arrêterez donc jamais de répondre à des questions ! s'exclame Manfred.

— Il aime ça, lui souffle Gabriella.

— En frottant deux morceaux d'ambre jaune...

— De l'ambre, comme l'ambre des colliers ? demande Paola.

— Cet ambre-là, oui, dit Cyrus. L'ambre est une résine végétale qu'on connaissait très bien à cette époque pour ses propriétés particulières. Lorsqu'on frottait deux morceaux d'ambre, ou même de verre, il se produisait un étrange phénomène : de petits objets venaient s'y coller.

— C'est ce qu'on appelle l'*électricité statique* ? demande Tibérius.

— Oui, c'est le même phénomène, observé depuis des siècles, qui fait que des étincelles peuvent se former dans une chevelure qu'on brosse. On a constaté ce phénomène bien avant de pouvoir l'expliquer. Thalès de Milet a donc étudié la chose et, comme l'ambre jaune portait en grec le nom d'*êlektron*…

Au même moment, l'électricité revient, et Gabriella souffle les bougies.

— Ce n'est que beaucoup plus tard, poursuit Cyrus sans paraître remarquer qu'il fait clair, au XVIIIe siècle, qu'on découvre deux sortes d'électricité statique : une positive et une négative. On en mesure alors les forces d'attraction. C'est un Italien, Alessandro Volta, qui découvre en 1795 la forme dynamique de l'électricité. Il parvient à l'enfermer, si l'on peut dire, dans une pile et réussit à produire un courant électrique. Nous pourrions en parler longtemps…

— En attendant, voici le café ! déclare Gabriella.

Sur ces mots, l'obscurité revient d'un coup, épaisse et lourde. Soudain, on entend frapper dans les murs…

Au XIXe siècle, des savants comme Ampère, Ohm et Joule étudient l'électricité et réussissent à l'utiliser comme force active : on produit véritablement de l'électricité et on multiplie ses applications dans la vie de tous les jours.

Comment se forment les éponges de mer ?

Manfred vient tout juste de sortir, emmenant Gratte-Bedaine faire sa promenade, quand Paola entre en coup de vent.

— Bonjour, Cyrus. Je vous dérange ?

— Pas le moins du monde. Manfred est parti il y a peu. Nous avons travaillé deux heures sur notre manuscrit.

— Et… ?

— Il est sans doute faux, malheureusement. Manfred va pouvoir tirer bientôt ses dernières conclusions. Tu voulais me demander quelque chose ?

— Lorsque nous parlions, l'autre jour, des éponges de mer, vous m'avez dit que c'étaient des animaux.

— Oui, et c'est toujours vrai, dit Cyrus.

— Si l'éponge est un animal, cela signifie donc qu'elle se reproduit, affirme la jeune fille.

— Tu as encore raison.

— Mais comment ? J'imagine mal deux éponges se caressant le dos, s'embrassant passionnément jusqu'à ce que...

— Les éponges sont généralement hermaphrodites.

— Elles produisent donc à la fois des ovules et des spermatozoïdes ? demande Paola.

— Oui. Pour se reproduire, l'éponge envoie des spermatozoïdes, qui vont féconder les ovules d'une autre éponge.

— Ou ses propres ovules ?

— Il existe, en effet, des cas d'autoreproduction, mais c'est rare. Les ovules se développent, formant des embryons qui sont rassemblés dans une sorte de gelée. Portés par le courant, ils poursuivent leur évolution, passant ainsi au stade de larve.

— Est-ce qu'on peut les voir à l'œil nu ?

— Non, les larves d'éponges sont microscopiques. Elles s'implantent enfin au fond de l'eau et deviennent adultes. Ce sont des amas de larves qui se déposent sur le fond marin. Une larve d'éponge ne s'installe jamais toute seule.

— Elles se développent en famille, souligne Paola.

— D'ailleurs, les éponges sont un groupement d'animaux unicellulaires. L'univers des éponges est très curieux. Dis-toi que plusieurs de ces petits êtres unicellulaires sont armés d'un fouet de calcaire qu'on appelle *flagelle*. À l'aide de cet instrument, les cellules remuent l'eau, la faisant circuler à travers l'amas de cellules qui constituent l'éponge, apportant à chacune ce qu'il lui faut pour vivre, nourriture et oxygène, et évacuant les déchets.

— Qu'est-ce que ça mange, ces petits unicellulaires affamés ?

— Principalement des particules de plancton. Je te signale en passant que les éponges peuvent aussi se reproduire par bourgeonnement.

— Comment ?

— Un morceau d'éponge peut se détacher de l'amas principal et aller tout bonnement se fixer ailleurs. Les cellules se régénèrent et forment alors une nouvelle colonie. L'information te satisfait-elle?

— Tout à fait. Je vous remercie.

— Tu ne te tracasses pas trop au sujet des distractions de ta mère? demande doucement Cyrus.

— Elle égare tout! Cela ne lui ressemble pas du tout.

— Ses vacances lui feront le plus grand bien, d'autant qu'elle n'aura pas à travailler très fort sur la maladie d'Alice, puisque l'insecte soi-disant responsable de cette étrange maladie n'existe pas ici.

Les éponges de mer vivent dans les mers chaudes, dans les eaux littorales peu profondes. Cependant, on peut en retrouver à plus de 5000 m de profondeur, et ce, sous tous les climats.

D'où vient le poisson d'avril ?

Cyrus est inquiet. À son retour, il a trouvé une curieuse missive épinglée sur sa porte. Un simple mot, en fait, griffonné à la hâte : « Cher ami, venez au plus vite, je vous attends, mon désarroi est grand. M.-M. »

— Que se passe-t-il encore ? soupire Cyrus, qui se faisait une joie de rentrer enfin chez lui.

Sans perdre une seconde, il se précipite à l'abbaye et se dirige vers le bureau de l'abbesse.

— La peste soit d'elle ! s'exclame-t-il en arrivant devant sa porte. Je me suis fait avoir !

Une centaine de poissons de carton, coloriés avec art, sont cloués au battant de la porte.

— C'est le 1er avril ! s'écrie le savant, pendant que s'ouvre la porte et qu'apparaît une mère Marie-Madeleine hilare.

— Je vous ai bien eu ! lance la moniale. Venez, cher ami, je vous offre le thé.

Installés devant une table garnie de friandises diverses et succulentes, les deux amis devisent paisiblement.

— D'où vient donc cette coutume du poisson d'avril, très cher ?

— C'est de France que nous vient cette curieuse tradition. Il existe plusieurs explications, la plupart absolument farfelues. Dans plusieurs pays du monde, on retrouve cette habitude de jouer des tours aux environs du 1er avril.

— Intéressant, murmure mère Marie-Madeleine tout en prenant une datte farcie.

— L'explication la plus plausible, celle que bon nombre d'historiens retiennent en tout cas, est la suivante : à l'époque du roi Charles IX, en France, on fêtait la nouvelle année le 25 mars.

— Ah bon ?

— La nouvelle année correspondait au printemps, on festoyait joyeusement et on faisait des échanges de cadeaux.

— Au printemps !

— Lorsque Charles IX décida que l'année commencerait le 1er janvier, cela causa tout un émoi. Bien des gens ne voulaient pas modifier leurs habitudes et persistaient à fêter la nouvelle année le 25 mars.

— Que se passa-t-il alors ? demande la moniale avec intérêt.

— On commença à se moquer de ceux qui ne s'adaptaient pas au changement. On prit l'habitude de leur faire parvenir des cadeaux ridicules ou des invitations à des fêtes qui n'avaient pas lieu.

— Mais pourquoi le « poisson » d'avril, Cyrus ?

— Ceux qui recevaient de tels cadeaux ou de telles invitations se faisaient alors traiter de « poissons d'avril ».

— C'est tout ? demande mère Marie-Madeleine, un peu déçue par la simplicité de l'explication.

— Peut-être parle-t-on de poisson parce que cette période de l'année est souvent une période de jeûne...

— ... où l'on sert du poisson !

— Mais il est probable que ce soit aussi parce que, à ce moment de l'année, on quitte le signe astrologique du Poisson. Je reprendrais bien quelques dattes, très chère...

Cette tradition française a traversé les frontières, passant d'abord, près de 200 ans plus tard, en Angleterre et, de là, en Amérique.

Pourquoi la Lune n'a-t-elle pas toujours la même forme ?

— Qui êtes-vous ? demande une petite voix à travers les buissons.

Paola sursaute. Elle était venue, telle l'espionne du siècle, surprendre Sashimi. Le pauvre chat fonctionne au ralenti, comme la petite Alice, mais personne n'a encore réussi à l'approcher.

— Chut ! fait Paola. J'attends Sashimi.

— Et moi, j'attends Cyrus, fait la petite voix. À moins, ajoute-t-elle timidement, que vous ne sachiez répondre à ma question… ?

— Je voudrais d'abord savoir à qui je parle ! déclare Paola.

Un mince visage apparaît entre les rosiers.

— Je m'appelle Kira.

— Voilà qui est plus net, dit Paola. Quant à ta question…

— C'est tout simple, réplique Kira. Une grande personne comme vous connaît sûrement la réponse. Je veux savoir pourquoi la Lune n'a pas toujours la même forme.

« Une grande personne comme moi ! » songe Paola du haut de ses dix-sept ans.

— Je crois que je peux te répondre, Kira. Tu viens t'asseoir dans la balançoire ?

— Et Sashimi ?

— Je m'en occuperai plus tard. Mais ne t'étonne pas si tu me vois bondir au beau milieu d'une phrase, si jamais il apparaît…

— La Lune, donc…, reprend Kira.

— Dis-moi d'abord comment tu vois la Lune, propose Paola.

nouvelle lune · premier croissant · premier quartier · gibbeuse croissante

— La Lune…, dit Kira en mordillant son pouce, la Lune n'est jamais tout à fait la même. Parfois, elle disparaît complètement ! Où va-t-elle ?

— Elle ne disparaît pas vraiment, explique doucement Paola. Tu ne la vois plus pendant un certain temps, c'est tout. Mais elle est toujours là.

— Ouf ! Alors elle se cache ?

— On ne la voit plus parce que le Soleil n'éclaire pas la partie de Lune que nous pouvons voir de la Terre.

Kira regarde Paola avec de grands yeux ronds.

— La Lune n'émet pas de rayonnement. C'est le Soleil qui illumine la Lune, poursuit Paola.

— Donc, on la voit, dit lentement Kira.

— C'est ça. La face de la Lune éclairée par le Soleil n'est pas toujours droit devant nous, puisque

pleine lune

gibbeuse décroissante

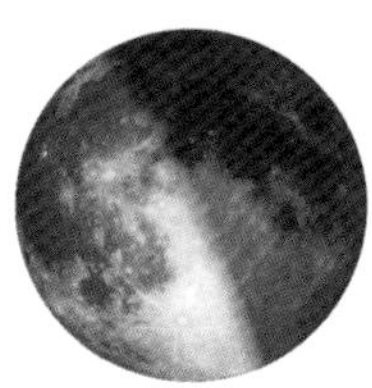

dernier quartier

dernier croissant

la Lune tourne autour de la Terre. Nous voyons donc des portions différentes de la surface illuminée de la Lune, du tout petit croissant jusqu'à la pleine lune. Quand on ne la voit pas, c'est la nouvelle lune.

— Ça me rassure. Je n'aime pas du tout penser que la Lune s'est envolée quelque part et qu'elle ne reviendra pas ! murmure Kira.

— Quand tu vois un croissant de lune, c'est que le Soleil en éclaire une petite partie.

— Alors, la Lune ne change jamais de forme pour de vrai ? Elle est toujours bien ronde, sauf qu'on

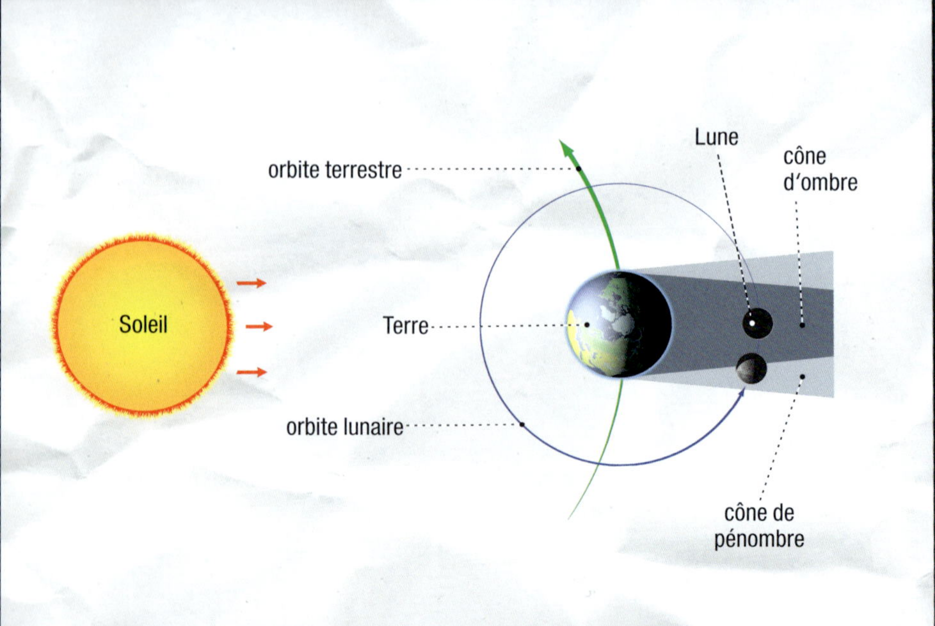

n'en voit qu'un morceau, celui qui reçoit la lumière du Soleil, résume Kira.

— Tu comprends vite, Kira. Ça m'impressionne. Est-ce que tu crois que Cyrus aurait fait mieux ?

— Peut-être, mais j'aurais compris moins vite ! dit la petite.

— Chut ! Attention, il est là, souffle Paola.

— Qui ? chuchote Kira. Sashimi ?

Lorsque la lune croît, elle est en forme de D. Lorsqu'elle décroît, elle prend les allures d'un C.

Est-ce que les serpents ont des oreilles ?

On frappe à la porte, juste au moment où Cyrus allait ajouter une cuillerée de sucre de canne dans son café.

Le savant laisse échapper un soupir et va répondre. C'est Ascanio, encore une fois.

— Est-ce que je vous dérange, monsieur Cyrus ?

— Tu arrives précisément au moment où j'allais faire une pause, répond le savant.

Le garçon réfléchit. Il se dandine sur un pied, puis sur l'autre. Il jauge la réponse : Cyrus veut-il dire qu'il arrive à point nommé pour lui poser sa question ou bien, au contraire, qu'il tombe mal ? Ascanio hésite.

— Entre vite, dit alors le savant, mon café va refroidir.

— Vous savez, la couleuvre de l'autre jour ?

— Je me souviens, dit Cyrus. Tu l'as bien remise dans le jardin ?

— Oui, oui. Mais depuis, quelque chose me tracasse.

— Quoi donc ?

— Les serpents et les couleuvres ont-ils des oreilles ? J'ai bien examiné cette couleuvre, mais je n'ai pas vu ses oreilles.

— Ce que tu cherchais, explique le savant, ce sont ses oreilles externes, que tu ne pouvais pas voir.

— Je ne comprends pas.

— L'oreille est d'abord composée de l'oreille interne et de l'oreille moyenne, qui sont situées à l'intérieur du crâne et qu'on ne voit donc pas.

— Ah…

— Mais quand on parle d'oreille, on parle également de l'oreille externe. Ce qui nous frappe le plus, alors, c'est le pavillon. L'oreille, c'est en fait deux organes en un : celui de l'audition et celui de l'équilibre.

— Ah bon ! fait Ascanio, étonné.

— Chez les serpents, le sens de l'ouïe est beaucoup moins important que chez les humains ou chez les mammifères en général.

— C'est vrai que les serpents n'ont pas de pavillons.

— Ils n'ont pas d'oreilles externes, c'est exact. Mais ils ont tout de même une oreille interne, quoique celle-ci soit peu développée.

— Ils sont sourds, conclut Ascanio, visiblement désolé.

— On dit en effet que les serpents sont sourds. Par contre, les reptiles détectent bien les très basses fréquences. Leur langue est très sensible aux vibrations du sol. C'est de cette façon, surtout, qu'ils s'orientent et qu'ils perçoivent les mouvements des animaux qui évoluent autour d'eux.

— Vous dites que c'est grâce à leur langue qu'ils perçoivent les mouvements ?

— Oui. Les serpents, je te l'ai dit, entendent très mal. Mais la grande sensibilité de leur langue compense la pauvreté de leur système auditif. Leur langue joue un rôle important dans l'olfaction.

Chez le serpent, c'est le sens de l'odorat qui prédomine.

— Et leur vue ? demande Ascanio. Les serpents sont-ils aveugles en plus d'être sourds ?

— Non, les serpents ont une vue très bien développée, même s'ils ne distinguent que le noir et le blanc.

— Vous m'avez rassuré, monsieur Cyrus. Ma couleuvre est moins démunie que je ne l'avais d'abord cru.

Les serpents n'ont pas de paupières. Ils ont plutôt une grande écaille transparente qui recouvre la surface de leurs yeux. C'est à cause de cette écaille que leur regard semble fixe. Mais les yeux des serpents peuvent bouger très aisément.

Où s'attache le cordon ombilical ?

— Oh ! quelle surprise ! s'écrie Cyrus en s'écrasant littéralement dans son fauteuil de cuir bleu.

Tout le monde est là : Manfred, Gabriella et Paola, Tibérius, mister Pagton et Cyclamène, ainsi que mère Marie-Madeleine.

— Je suis en retard à cause de mon terrible Ascanio !

— L'important, c'est que vous soyez là, Cyrus ! dit calmement mère Marie-Madeleine. Votre anniversaire n'arrive qu'une fois par année. Et, cette fois, nous le célébrons en famille.

Pendant que Manfred ouvre le champagne, mister Pagton murmure à l'oreille de Cyrus :

— C'est phénoménal ce que vous provoquez chez les enfants ! Depuis que Tibérius a vécu chez vous, il ne cesse de me poser des questions auxquelles je ne sais pas toujours répondre... Qu'est-ce qu'il vous a demandé, votre terrible Ascanio ?

— Où le cordon ombilical s'attachait dans le ventre de la mère !

— Au fait, dit mister Pagton, où s'attache-t-il ?

— Vous savez, Pagton, que l'ovule nouvellement fécondé cherche un endroit confortable pour vivre sa vie évolutive.

— Il s'installe dans la paroi de l'utérus, confirme Pagton.

— L'utérus, qui s'est préparé, a déjà ses réserves de vitamines, d'hormones, de protéines, de minéraux et d'oxygène. L'ovule s'y loge et s'incruste dans sa paroi.

— Ça, je sais. Mais le cordon ?

— Attendez un peu. L'ovule fécondé forme une sorte de petite boule de cellules. À 64 cellules, cette boule, appelée *morula*, devient en partie le placenta, l'enveloppe qui protégera l'embryon ; ce sont les cellules extérieures qui forment le placenta. Les cellules centrales, elles, forment le bouton embryonnaire qui, après 8 à 12 semaines, devient le fœtus.

— Oui, mais le cordon ? insiste mister Pagton.

— Le cordon part de l'embryon et rejoint la paroi du placenta. C'est par là que les matières essentielles lui arrivent, c'est par là aussi qu'il rejette ses déchets, qui seront éliminés par l'organisme de la mère.

— Mais entre les deux ? Entre le placenta et l'utérus ?

— L'échange se fait dans le placenta, par des capillaires, des vaisseaux extraordinairement fins. Le sang de la mère et celui du fœtus ne se mélangent

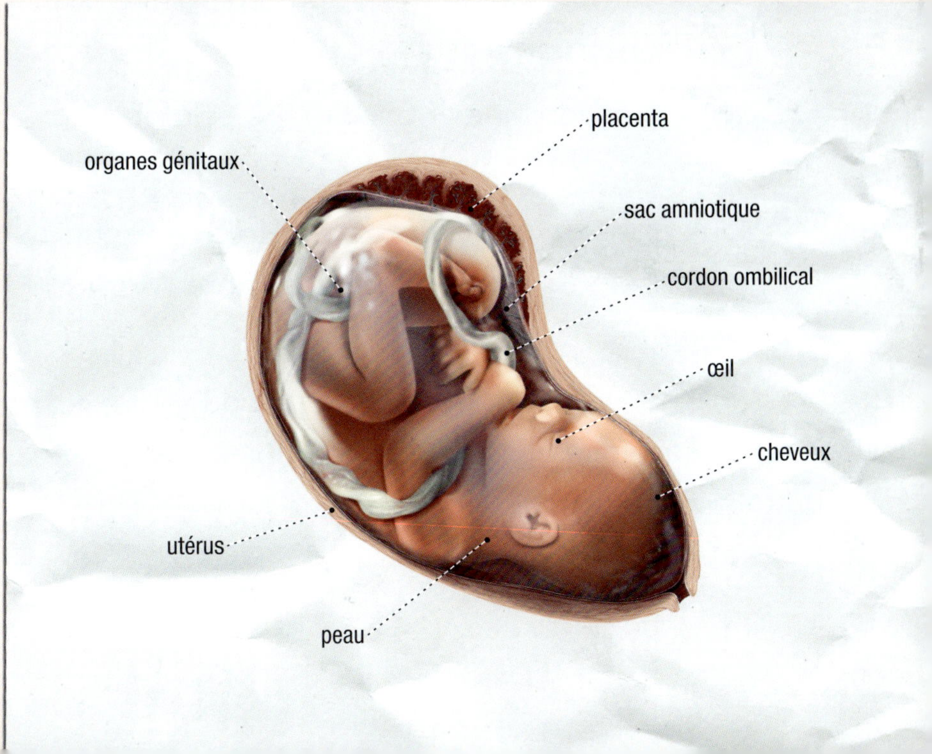

jamais. Ce serait un peu complexe de vous donner le détail de tout cela…

— … mais ce que l'on sait, c'est que cela fonctionne à merveille ! dit mister Pagton en riant.

— Ce que l'on sait aussi, intervient mère Marie-Madeleine, c'est que vous avez de bien curieuses conversations pour un soir d'anniversaire. Allez-vous de nouveau être père, mister Pagton ?

— Non, non ! Je révisais mes notions de base sur l'embryologie. Figurez-vous que je n'en savais pas plus que le terrible Ascanio à propos du point d'attache du cordon ombilical !

Mère Marie-Madeleine et Cyclamène éclatent de rire.

— Vous pensiez peut-être qu'il était rattaché au nombril de la mère ? suggère mère Marie-Madeleine.

— Mais non ! Toutefois, ce n'est pas du tout évident de savoir ce qui se passe véritablement dans un utérus, confesse humblement le père de Tibérius.

— Alors, levons nos verres au grand homme qui, tous les jours, nous en apprend un peu plus sur la vie !

— Bon anniversaire, tonton, ajoute Tibérius en embrassant son oncle.

Le placenta mesure environ 20 cm de diamètre et il a une épaisseur de 2 à 3 cm. Il pèse à peu près $1/6$ du poids du fœtus.

Que font les mantes religieuses en hiver ?

— Venez voir, monsieur Cyrus ! Venez voir ! crie Ascanio par-dessus la haie qui sépare les deux propriétés.

Le savant s'éponge le front, plante sa bêche dans la terre meuble et se dirige à pas lents vers le jeune garçon.

— Que se passe-t-il ? demande-t-il avec curiosité.

— Venez, venez, insiste Ascanio.

Cyrus rejoint le gamin, qui se tient debout près d'une branche de saule.

— Regardez, dit Ascanio à voix basse, on dirait votre amie, l'abbesse du couvent des bénédictines…

Cyrus éclate de rire.

— C'est vrai. Tu comprends maintenant pourquoi on appelle ce gros insecte *mante religieuse* ou, en latin, « *Mantis religiosa* » ? Telle que tu la vois, immobile, dans cette pose si caractéristique, ses longues pattes antérieures au repos, repliées comme des mains jointes pour la prière, elle est embusquée et guette sa prochaine proie.

— Elle chasse ! Sans bouger ? s'étonne Ascanio.

— Les mantes religieuses ont une vue particulièrement perçante et repèrent très facilement leurs victimes. Leur tête peut pivoter sur presque 360 degrés. Elles ont ainsi un très gros avantage sur les autres insectes, dont la tête ne bouge pas tellement.

— Pourquoi est-ce qu'elle reste ainsi, sans bouger ? demande le petit.

— En restant immobile sur la branche, la mante devient pratiquement invisible pour les autres insectes, les lézards, les grenouilles et même les petits oiseaux, dont elle est friande. Lorsqu'une proie passe à sa portée, elle détend brusquement ses longues pattes. Elle attrape ainsi la malheureuse victime et la dévore aussitôt !

— Brrr ! Vous me faites froid dans le dos.

— Regarde ses très longues pattes. Elles permettent à la mante de capturer ses victimes. Mais elles lui servent aussi à immobiliser celles-ci pendant qu'elle les dépèce pour les manger.

— On ne voit jamais de mantes, l'hiver. Où sont-elles, alors ? s'informe Ascanio. Que font-elles ?

— Rien, car elles sont mortes.

— Quoi ?

— Tu as bien compris : les mantes religieuses ne survivent pas au froid. Elles meurent avec l'été. Mais, auparavant, elles ont eu le temps de s'accoupler et de pondre des œufs. Elles mettent ceux-ci à l'abri dans des oothèques qui peuvent contenir de 100 à 200 œufs. Ils y seront à l'abri pour l'hiver et pourront éclore au début de l'été suivant.

— C'est comme des nids ?

— Oui, des nids semblables à des étuis de papier mâché. En durcissant, les oothèques ressemblent à de la mousse isolante.

— Qu'est-ce que les mantes font de ces nids ?

— Elles les accrochent à un arbre ou à des broussailles, ou encore elles les collent sous des pierres.

— Est-ce vrai que les mantes religieuses mangent leurs amoureux ? demande Ascanio.

— Les mantes sont des prédateurs redoutables. Les femelles sont voraces et mangent pratiquement tout ce qui passe à leur portée, y compris leurs partenaires amoureux qui sont plus petits qu'elles ! Elles peuvent aussi manger d'autres femelles.

— Des cannibales ! s'exclame Ascanio.

Les religieuses ont également donné leur nom à une succulente pâtisserie aromatisée au chocolat ou au café. Faite de pâte à choux fourrée de crème pâtissière, elle est formée d'une petite boule posée sur une plus grosse.

Imaginez la vie avec Cyrus !

Nous te retrouverons dans le prochain tome, Alice et moi. Cyrus t'expliquera comment on peut construire un bateau dans une bouteille ! Il en sait, des choses, notre ami le savant…

En attendant, nous as-tu vus dans le livre ?

Remerciements

Remerciements à M. Louis Marchildon, professeur émérite au département de chimie, biochimie et physique à l'Université du Québec à Trois-Rivières, qui a revu les textes concernant l'astronomie.

Merci à Ève Christian, physicienne, météorologue et chroniqueuse scientifique.

Index

Table des matières